KB067724

# 10년 먼저
# 시작하는
# 여유만만
# 은퇴생활

# 10년 먼저
## 시작하는
# 여유만만
# 은퇴생활

## 맞벌이부부
## 조기퇴직시스템 설계

| 이윤정 지음 |

# 맞벌이 부부
# 조기은퇴 연구노트

어제까진 아무렇지도 않았다. 오늘 아침, 마지막 출근길이었고, 지금, 마지막 퇴근길이다. 왜 이렇게 찡한 걸까? 눈가에 눈물 한 방울이 맺혔다. 왜 그런지 잘 모르겠다. 더 다니고 싶었던 건 아닌데, 이상하다. 16년간 함께 했던 직장동료 셋과 함께 돌솥밥 순두부 식당에서 점심을 먹었다. 한끼 식사만으로는 아쉬워서 드립 커피를 마시기로 했다. 애써 퇴직 이야기는 피했다. 지네, 개미, 스마트폰 교체가 대화 주제다.

입사부터 퇴사까지 같은 부서에서 행정 업무를 지원해 준 D 언니는 남편이 몇 달 전 직장을 그만두게 되었다고 털어놓았다. D 언니 남편이 상무로 승진했다는 소식을 듣고 축하 인사를 전한 게 바로 1년 전이었는데 지금은 선릉역 근처 후배 사무실에서 개인사업자를 내고 프리랜서 디자이너 일을 하고 있다고 한다. 고정 수입이 없으니 점심 한끼 만 이천 원이 부담스러워 요즘은 고구마를 삶아 가져간다고. 1년 후 나도 그렇게 되려나?

복도에서 협력업체 직원 곽 선임이 주섬주섬 가방에서 무언가 꺼내서 내밀었다. 뭐냐고 물어보니 선물이라고 했다. 영문 이름 가운데 'YOUN'이 각인되어 있는 향수였다. P 후배와 C 선배가 1층 현관까지 따라 나왔다. 후배 P를 처음으로 꼭 껴안았다. 퇴직하는 날, 이렇게 챙겨 주는 사람이 내 곁에 있구나. 잘 할 거야. 수고했어. 고마웠다, 연구소.

16년간 출퇴근길을 오가던 회사에서 나오던 날, 짧은 소회가 가슴에 맺혀 일기처럼 적었던 글이다. 퇴근길 건널목 앞에서 빨강 신호가 켜졌고, 신호를 기다리는 잠깐의 시간, 운전대를 잠시 놓고 블로그를 열어 비공개 글을 남겼었다. 마지막 퇴근길에 남겼던 오랜 직장생활의 마지막 소회가 날것처럼 남았다.

퇴직을 한 지 어느덧, 1년 차다. 업무 인수인계만큼은 퇴직하기 6개월 전부터 철저하게 계획을 세웠었다. 직업에 대한 사명감이 있었다. 국가를 위해 일한다고 믿었으니 마침표도 잘 찍어야 한다. 팀장에게는 미리 퇴사 계획을 알렸고, 덕분에 똘똘한 MZ세대 G 박사가 후임으로 들어왔다. G 박사에게는 퇴직 며칠 전, 하드디스크를 통째로 복사해 주는 것으로 업무를 인수인계했다.

퇴직을 한 후 업무와 관련된 전화가 많이 오지 않을까 사뭇 걱정했지만 6개월 동안 회사로부터 전화가 온 건 딱 두 번이었다. 인수인계를 완벽히(?) 했기 때문일까? 그나마 한 번은 선배의 개인적인 안부 전화였고, 내가 회사를 그만둔 줄 모르던 타 기관 담당자로부터 왔던 전화가 전부다.

　최근 카톡 하나를 받기는 했다. G 박사가 그동안 고마웠다며 카톡 선물을 메시지로 보내줬는데, 핑크 튤립 꽃다발 조명이다. 향기는 없지만, 은은한 빛을 비춘다.

　되돌아보니, 2016년 크리스마스 이브에 나는 산타 할아버지로부터 선물을 받았던 게 분명하다. 결코, 우는 아이에게는 선물을 주지 않는다는 산타 할아버지. 울음을 그치자, 어른이 된 내게도 선물present이 생겼다. 이제 해가 바뀌면 마흔이었다.

　이후로 그전까지 한 번도 상상해 본 적조차 없던 다른 삶으로 변화가 시작되었다. 철저히 조기은퇴를 설계했고, 실행했고, 마흔다섯, 우리 부부의 조기은퇴 프로젝트가 마무리되었다.

　이 책은, 오직 직장만 바라보고 살다가 갑자기 퇴직 이후의 삶이 걱정되기도 하고, 늘 사표를 가슴에 품고 다니면서도 선뜻 꺼내지 못 하는 직장인들에게 전하는 메시지다. 지나칠 만큼 이성적인 남편과 낭만을 꿈꾸는 아내가 입사를 해서 조기퇴직으로 은퇴를 하기까지 맞벌이부부로서 고군분투했던 이야기.

　당장 사표를 던지고 싶어도 그렇게 할 수 없다는 걸 누구보다 잘 안다. 이 책을 쓰면서 회사에 남아 있는 동안 인정을 받고, 경제적 자유를 준비함과 동시에 회사와 가정에서의 스트레스를 줄일 수 있었던 경험을 담게 된 이유다. 또한 조기은퇴를 준비하는 과정에서부터 퇴직 이후의 삶까지 보여줌으로써 예상치 못한 상황에 대비할 수 있도록 했다.

무작정 회사가 싫거나 내 성격과 맞지 않는다는 핑계로 대책 없이 조기은퇴를 하라고 권하는 게 아니다. 조기은퇴란, 단순하게 말하자면 하고 싶은 일을 찾아 제2의 멋진 인생으로 도약하기 위한 시스템을 개발하는 것이다.

연구원으로 16년을 근무하며, 시스템 소프트웨어 개발관리업무를 맡았다. 시스템 개발사업이 종료되면 그 결과를 정리해 보고서를 만들어 제출하는 일이다. 연구원으로 해왔던 업무처럼 맞벌이부부 조기은퇴시스템에 대한 과정 또한 '요구사항, 기준, 설계, 구현, 운용 및 평가, 마지막으로 유지 보수 및 개선'으로 구분해 정리해 보았다.

이제 나는 "어떻게 퇴직 준비를 했어요?" "퇴사 후의 일상은 어때요? 앞으로는 무엇을 할 건가요?"라는 질문을 받으면 이 책을 건네 줄 것이다. 이 책이 바로 그 질문에 대한 나의 대답, 결과 보고서이기 때문이다.

# 차례

## PART 3

### 행복한 은퇴를 준비하는 맞벌이부부 생활 설계

## PART 4

### 맞벌이부부의 조기 은퇴시스템 구축

**PART 5**

# 따로 또 같이 사는 부부 생활의 운용 및 평가

# PART 1

# 조기 은퇴를 위한
# 요구사항

# 돈 걱정이 없어야 한다

"나는, 자기가 퇴직하는 편이 좋겠어."

당분간 먹고 사는 건 문제없다. 한 사람은 버니까.

노후가 불안하지 않을 정도의 목표 금액을 정했다. 그걸로 다가 아니다. 충분히 누리겠다는 욕망도 줄였다. 우리 부부 각자가하고 싶은 일을 생각했다. '절제' 습관부터 가지기로 했다. 의미없는 시간과 불필요한 노동력을 더 이상 투입하고 싶지 않다.

"정년퇴직한 사람들은 금방 늙는다더라.""퇴직했다가 돈이 모자라서 다시 취업한다는 사람이 있더라.""퇴직하고 우울증 걸린사람이 있더라." … 주변 사람들의 이야기, 블로그나 카페에 올라온 글을 읽으면 뭔가 더 불안했다. 두려웠다. 자기계발, 경제경영 관련 책들을 읽다가 알게 된 '스노우폭스' 대표 김승호 회장과

'켈리델리' 대표 켈리 최 회장, 부동산과 주식투자자 브라운 스톤 (우석)의 유명 인사들을 책으로 만났다. 책을 출간한 이후의 삶과 생각이 궁금해서 그들의 SNS를 찾아 팔로우 했다.

어느 날, 그들은 '왜 SNS 활동을 할까?' 하는 의문이 생겼다. 재테크 카페 강의에서 들었던 말이 생각났기 때문이다. 그들은 맛집 순례나 여행지에서 올리는 인스타그램, 블로그를 보느라 시간 낭비하지 말라고 했었다.

재테크 강사보다 더 부자인 그들은 SNS에서 자주 보였다. 꽉 짜인 업무에 쫓기는 사업가는 물론이고 경제적 자유를 이룬 사람이라면 의례히 자신이 원하는 일을 하기에 바빠 SNS를 할 여유도 없을 것 같았다. 그런데 인스타그램, 유튜브, 카페나 블로그에 발자취를 남기는 행동은 어떤 이유에서일까?

얼마 전 보도 섀퍼의 『머니 파워』라는 책에서 그 답을 찾을 수 있었다. 보도 섀퍼는 서른 세 살의 나이에 매달 받는 이자만으로도 풍족하게 생활할 수 있을 정도로 경제적 자유를 얻은 사람이었다.

하지만 부자가 된 이후, 전혀 예상치 못 했던 일이 일어났다. 그는 더 이상 행복하지도 않았고 모든 게 무의미해졌다고 말했다. 주식투자의 고수인 앙드레 코스톨라니의 『투자는 심리 게임이다』에서도 같은 이야기가 나온다. 그도 경제적 자유를 가진 사람이었지만 은퇴 후 우울증에 걸려서 정신과 치료를 받았다고 한다.

그들은 어떻게 그런 공허와 우울감으로부터 빠져나올 수 있었을까? 보도 섀퍼나 앙드레 코스톨라니 모두 일반 사람들에게 재무 코칭과 아마추어 강연을 시작하면서 다시 삶의 의미와 보람을 찾아갔다. 성공한 사람들의 마음을 조금은 이해할 수 있을 것 같다. 부자가 되면 나눔과 사회공헌을 통해 삶의 의미를 찾아 내면의 행복을 채워야 한다는 말이 아니었을까.

퇴직하는 순간 사회적 관계망이 사라진다. 부부 둘이서 오늘도 내일도 하루종일 서로의 얼굴만 바라보며 살아야 한다는 말이다.

목요일에 코로나 백신 예방접종 주사를 맞았다. 목요일과 금요일, 이틀 휴가를 받았다. 주말까지 포함해 나흘 동안 집에서 남편과 함께 지내는 동안 아침, 점심, 저녁 세 끼를 챙겨야 했다. 같은 반찬을 계속 먹었다. 아침 먹고 치우면 또 점심 차려야 하고, 치우고 조금 지나니 퇴근시간 여섯 시였다. 또 저녁을 먹어야 했다. 여행지도 아니고, 집에서 나흘 동안 매일 아침부터 밤까지 밖에 나가지도 못 하고 집에만 있었다. 비록 나흘이지만 삼시 세끼 밥 차려 먹는 게 힘에 부쳤다.

회사에 출근하면 맛이 있든 없든 고민 없이 회사 식당에서 점심 한 끼 해결할 수 있다. 하지만 집에만 있으니 매 끼니 직접 차려 먹는 메뉴가 고민이다. 치워도 치워도 끝이 나지 않는, 반복되는 집안일이 지겨웠다. 책을 읽어도 집안일이 자꾸 눈에 밟혔다. 하루 종일 집에 있어도 출근할 때와 여유 시간이 크게 다르지 않다는 사실이 놀라웠다. 회사를 그만두고 은퇴를 한다면 매일, 1년, 5년, 10년, 20년, 30년 이상을 이렇게 살아야 한다고 생각하니 갑자기 당황스러웠다. 코로나 예방백신 접종 덕분에 나흘이라는 짧은 기간 동안 은퇴 이후의 삶을 미리 체험한 사건이었다.

항상 배우자와 시간을 함께 보낼 수도 없다. 남편도 혼자 하고 싶은 일이 있다. 남편이 내게 늘 맞춰 줄 수 없으니 퇴식 후 사람들과의 교류를 체계화 해야겠다고 판단했다. 가볍게 시작해 볼 수 있는 모임부터 도전해 보기로 했다. 바로 독서모임 운영이다. 일 년 이상 온라인 카페 활동으로 독서모임에 참여해 본 적이 있다. 각자 책을 읽고 사람들과 책과 삶에 관한 이야기를 나누는 게 즐거웠다. 다만, 매번 낯선 사람들과 만나는 경우가 많아지니 지속적인 만남으로 이어가면 좋겠다는 아쉬움이 남았다. 독서모임을 직접 운영하면서 지속적인 관계를 유지해 나가고 싶었다.

블로그에 오프라인 독서모임 이벤트를 공지했다. 온라인 카페에서 만난 지인 한 명만 신청했다. 한 명뿐이어서 취소할까 고민했으나 나를 믿고 신청해 준 게 고마웠기에 약속한 대로 주말 아침 올림픽 공원에서 만났다. 첫 오프라인 독서모임이었다.

2017년부터 본격적으로 독서를 시작하고, 2018년부터 블로그에 읽은 책에 대한 리뷰를 공유했다. 매일 기록으로 남겼다. 쌓아 둔 글을 보니 책으로 낼 수 있지 않을까 하는 생각이 어렴풋이 들었다. 퇴직 전에 다른 활동에 대한 가능성을 미리 시험해 보고 싶었다. 무작정 퇴직을 하고, 경제적 상황이 여의치 않으면 재취업하기도 쉽지 않으니까.

직장을 다니면서 제한 없이 할 수 있는 일은 아침저녁으로 글을 쓰는 일이었다. 독서모임에 참여하던 지인이 책을 출간하게 되었다며 깜짝 소식을 전했다. 신기했다. 어떻게 책을 낼 수 있었는지 물으며 나도 책을 내고 싶다고 하자, 한 달에 한 번 책 쓰기 무료특강 링크를 공유해 주었다. 두세 번 링크를 공유 받았지만, 얼굴을 공개하고 수업을 들어야 한다기에 신청조차 하지 않았다. 그러다가 퇴직 전에 꼭 책을 출간해야겠다는 결심이 섰다. 무료 강의를 수강하지도 않고 바로 책 쓰기 수업을 결재했다. 매주 글쓰기 수업을 들었다. 글도 한 꼭지씩 써 내려갔다. 수업시간에 내 이름으로 된 책 한 권 들고 있으면, 강의도 할 수 있다는 이야기를 들었다. '아, 이거다!' 퇴직하고 자유롭게 선택할 수 있는 문을 하나 발견한 순간이었다.


은퇴 시점에는 돈 걱정이 우선 해결되어야 한다. 그리고 은퇴 후에도 삶의 의미와 보람을 찾을 수 있는 무언가가 필요하다. 여유롭게 책을 읽고, 남편과 함께하는 시간을 제외하고도 활력 넘치게 시간을 보내는 방법 말이다. 자산을 키워 돈 걱정을 없애고, 독서모임과 작가의 삶을 계획한 후 비로소 조기퇴직을 해도 괜찮겠다는 판단을 내렸다. 무작정 은퇴하기엔 3% 부족해 보였기 때문이다.

아무 계획 없이 보내던 코로나 백신 휴가처럼 평생을 보내야 한다고 생각하니 막상 퇴사를 결정할 수 없었다. 은퇴하면 어떻게 살아갈지 걱정만 하거나, 은퇴하면 좋겠다는 공허한 상상만 하기보다는 퇴직을 가정하고, 하루, 일주일, 한 달, 일 년 이상의 시간 계획을 한번 세워 보면 어떨까? 지금 당장 퇴직이 불가능해 보여도 하나씩 배우고 익혀 나가면, 은퇴 시점에는 전문가가 되어 있을 수도 있을 테니 말이다.

# 쉴 수 있어야 한다

남편은 대학 졸업 후 취업한 첫 직장에서 일 년 만에 퇴직했다. 그리고 다시 대학교로 돌아가 대학원에 입학하여 석사학위 과정을 밟았고, 석사학위를 받은 후 다시 새 직장에서 16년 동안 근무했다.

나는 20대 청춘을 학교에서 보냈다. 10년 동안 같은 대학교, 대학원에 학생 신분으로 있었기 때문이다. 9시 출근, 9시 퇴근하던 대학원 연구실보다 9시 출근 6시 퇴근, 즉 정시 출퇴근이라는 근무시간과 제대로 된 월급까지 받으니 '신의 직장'이라 생각하며 16년 동안 근무했다.

남편은 직장 일 년 선배다. 회사 커플이 된 지 십 년이 지났어도 우리 부부는 여전히 상대에게 높임말을 썼다. 퇴근시간만 되면 메시지를 서로 주고받는데, 서로 퇴근시간을 맞춰 보는 것이다.

"갈까?" 메시지가 오면 "네! 주차장에서 봐요." 보통 이렇다. 다만, 기획서나 계획서 제출 시기 혹은 테스트 시기에는 일에 우선순위를 두는 경우가 많다. 그럴 때만 따로 퇴근했다.

매년 돌아오는 5월이면 향후 사업을 준비하는 기획이나 계획 업무가 생기는 사람이 따로 있다. 이 일은 아무에게나 시키지 않는다. 작성을 해본 사람에게 대부분 맡겨진다. 이 시기에는 미래 먹거리를 준비하는 중요한 기획 또는 계획 업무를 담당하는 사람으로서는 스트레스를 받을 수밖에 없는데, 이건 해보지 않은 사람은 잘 모른다. 상위부서에 문서를 제출하고 난 뒤에는 보충 설명을 하거나 설득하거나 출장을 어디로, 언제, 몇 명, 몇 번 가야 하는지, 해외 출장계획, 국내 출장계획을 구체화해야 한다. 토너, A4용지 등 사무용품 비용까지도 십 원 단위까지 딱 맞춰야 하기 때문이다.

양식은 매년 조금씩 달라진다. 작년에 제출한 기획/계획서를 새로운 양식에 맞춰서 다시 채운다. 비슷해 보이는 양식이지만 일일이 직접 채워 넣는다. 환율도 달라진다. 당연히 비용을 다시 계산한다. 연차별 예산이 조정될 때도 있다. 인력을 줄이라는 지침도 나온다. 혼자 결정할 수 있는 게 없다. 하지만 혼자 마무리해야 한다. 끙끙거리며 겨우 수정한 기획서나 계획서가 부장, 운영위원회 심사를 통해 과제가 삭제되는 경우도 허다하다. 옆방 선배가 사무실에 들러 "김 박사님, 담배?" 하면 김 박사님은 좋다고 함께 나가고, "언니, 커피 한잔해요." 라고 하면 옆에 앉아 있던 후배가

"그럴까?" 하면서 잠시 여유를 부려도 자리를 비울 수 없다.

내일 오전 10시까지 마감해야 하는 일정 탓에 몇 시간째 화장실도 안 가고 앉아 있다. 머리를 쓰느라 산소가 부족한 느낌마저 든다. 숨이 갑갑해져 오면, 겨우 숨이라도 크게 쉬러 베란다로 나간다. 멍하다. 기지개를 한 번 펴 보고 숨을 크게 들이마시고 내쉬기를 세 번 정도 한다. 그제야 내 몸에 산소가 충전되는 느낌이다.

그렇게 기획서, 계획서를 제출하는 시즌이 싫었다. 매년 돌아오는 그 업무를 할 때마다 왜 나만 이러나 싶은 생각이 스멀스멀 솟아올랐다. 그만두고 싶었다. 처음에는 당연히 해야 하는 업무라 생각하고 떠맡았었는데….

대학원 석사시절 과제 제안서를 써 본 경험이 있어서 팀장이 할당해 준 업무니까 당연히 해야 하는 걸로 생각해서 받은 게 시작이었다. 계획서는 계획서고, 기존에 맡은 업무는 여전히 병행해야 했다. 그러니 추가업무를 할 때마다 야근은 기본이고, 몸도 마음도 지쳐갔다. 그냥 연구만 하고 싶었다. 예산 짜고 문서 작성하려고 취업했나 싶기도 하고, 사표 내고 싶다는 생각이 들었던 시기다.

결국 예산이 꼬여서 다시 고쳐야 했다. 남편에게 퇴근하자는 메시지가 왔다. 일을 하다말고 갈 수가 없었다. 먼저 근처 식당에서 저녁 먹고 있으라고 하면서 시간을 조금 벌었다. 칼같이 삼십 분 후 전화기 진동이 느껴졌다. 빨리 퇴근하라는 메시지다. 하던 일을 중단했다. 대충 가방을 챙겨 들고 주차장으로 내려와 자동차 시동을 걸었다. 어두컴컴한 검문소를 지나 정문 경비원에게 가볍게 묵례하며 지나쳤다. 자동차 운전면허시험 코스 같은 S자를 그리며 정문을 나왔다. 그제야 정신이 든다. 남편이 걱정된다. '뭘 먹었지? 그냥 먼저 집에 가라고 할걸…….'

집에 도착하니 서점에서 온 택배가 문 앞에 놓여 있다. 남편과 나는 각자 자기가 볼 책은 알아서 따로 주문한다. 서로 좋아하는 책이 다르다. 상대방이 읽는 책은 전혀 관심 없다. 서점에 함께 가더라도 각자 보고 싶은 책을 찾아 헤어졌다가 나중에 만난다.

집에 돌아와 씻고 이것저것 정리 좀 하고 나니, 어느새 9시다. 종일 예산을 맞췄더니 아직도 숫자가 머릿속에서 떠나지 않는다. 침대에 한참을 누워 있다가 겨우 기운을 차리고 거실 소파로 나왔다. 『독서 천재가 된 홍 대리』를 읽었다. 직장생활을 힘들어 하는 홍 대리 상황이 남의 일 같지 않다. 홍 대리처럼 책을 읽어보자고 다짐했다. 한 권, 두 권, 서른세 권, 백 권을 도전하며 읽었다. 퇴근 후 아무것도 못 할 정도로 쓰러져 지낸 시간과 달리, 책을 읽을수록 쌩쌩해지는 기분이 들었다.

페드람 쇼자이는 『시간을 멈추는 기술』에서 "많은 사람이 휴식을 일종의 낭비라고 여기고, 온종일 많은 일을 하며 분주하게 보내곤 한다. 그리고 육체, 정신 피로가 엄청나게 쌓일 때까지 방치하는 경우가 많다. 피로는 그때그때 풀어야 하며, 이미 병을 얻은 후에는 손을 쓰려고 해봤자 아무 소용이 없다."라고 말했다.

헬스 워치에 25분 타이머를 세팅하고 업무를 시작했다. 25분은 순식간이었다. 손목에서 진동이 느껴졌다. 자리에서 벌떡 일어나 스트레칭을 했다. 화장실도 다녀왔다. 나만의 강제 휴식시간이었다. 강제 휴식 후 자리에 앉아 다시 업무에 몰두했다. 며칠 동안 혼자 끙끙거리며 했던 업무와 강제 휴식 후에 집중하는 업무 효율이 확연히 달라졌다.

직장에 충성 봉사하기 위해서든, 행복한 삶을 유지하기 위해서든 우리 부부에겐 몸과 마음의 건강이 모두 필요했다. 강제로 타이머라도 맞춰 두고, 쉴 수 있어야 한다. 나보다 십 년 정도 나이 많은 선배가 툭툭 던지는 말 한마디는 바로 나의 미래였고, 자기계발 분야 책 저자들은 바로 알라딘 램프 속의 요정 지니였다. 업무를 효율적으로 처리하는 방법, 시간을 활용하는 방법, 관계를 개선하는 방법 등 나를 주인으로 모시는 요술 램프를 서점에서 도서관에서 만날 수 있다는 걸 알아가기 시작했다.

10년 만에 박사 후 연구원 연수를 다녀올 기회를 얻었다. 2014년부터 시작된 프로젝트에 참여하고 있을 때였다. 대개 프로젝트 착수 후 1년 정도는 매우 바쁘다. 시스템 분석 후 요구사항 분석과 설계안을 만들어 대외기관에 공식 리뷰 행사를 진행하기 때문이다. 다음 단계는 협력업체에서 구현하는 단계라 연구소에서는 시간적 여유가 생기는 편이다.

팀장과 협의해 프로젝트 진행시기에 맞춰 연수기간을 정해 2015년 7월부터 2016년 6월 1년간 미국 LA에 있는 USC[University of Southern California]에 다녀오는 것으로 결정 되었다. 이민을 떠나 외국에서 살고 싶다는 말을 꺼내곤 했던 남편, 늘 가슴에 사표를 품고 출근을 하던 남편과 함께 일 년 정도를 미국에서 보낼 수 있는 정말 좋은 기회였다.

하지만 남편은 떠날 수 없었다. 우리 회사 규정은 공무원법에 따라 정해졌기에 혹시나 해서 공무원 규정도 꼼꼼히 읽어 보았다. 공무원 규정에는 '공무원은 배우자가 외국에서 근무하는 경우 휴가를 낼 수 있다'는 조항이 있었다. 하지만 우리 회사 규정에는 그 항목이 없다. 왜 그 규정만 빠졌는지 불만을 표출하고 싶었지만 그렇다고 해서 당장 바뀌는 게 아니다. 소용이 없었다. 배우자가 1년 장기 휴직을 할 수 있는 방법은 병가를 내거나 육아휴직만 가능했다. 아프지도 않은 걸 아프다고 할 수도 없었고, 아이가 없는 우리 부부에게는 입양을 해야만 가능한 일이었다. 사실 몇 년 전까지는 일 년간 영어 공부나 자기계발 휴직도 있었다. 하지만 그 기간을 이용해 자기계발 휴직을 했다가 퇴사를 하는 경우가 많아지면서 그 규정은 사라지고 말았다.

어쩔 수 없이 남편은 2주간 휴가를 몰아서 나와 함께 출국길에 올랐다. 그리고 다행히도 남편이 귀국하기 전에 일 년간 머물 아파트를 렌트할 수 있었다. '나 홀로 미국 생활'의 시작이었다.

다음 해, 남편은 열흘 정도 휴가를 내고 한 번 더 미국을 다녀갔다. 그것이 나와 함께 지낸 남편의 미국 생활 전부다. 규정도 규정이지만 직장동료들은 하나같이 "왜 같이 가지 않느냐?"고 묻곤 했다는데, 남편은 같이 미국에 가겠다고 부장에게 말조차 꺼낼 수 없었다고 했다. 둘 다 가지 말라고 할까봐.

팀원 23명 중에 둘이 빠지면 약 11%의 인력에 구멍이 생기는 상황이니 부장도 인간적인 면으로 보자면 우리의 처지가 이해되었겠으나 공식적으로는 휴직을 하고 같이 가라는 말을 꺼내기는 어려웠을 것이다. 그때 부장은 우리가 이런 생각을 하고 있었다는 걸 알고 있을까? 돌이켜보자면 말이라도 꺼내 볼 걸 그랬나 싶다.

미국에서 생활하게 된 지 6개월 지나갈 무렵, 남편과 통화를 하다가 연말 연구소 소식을 들었다. 미국에 오기 전까지 참여하고 있던 프로젝트에서 보고서를 발간했는데, 내 이름이 빠져 있다고 했다. 프로젝트 기획부터 과제 승인 그리고 프로젝트 착수까지 2년 동안 일을 도맡아 뛰어다녔던 프로젝트였다.

그 프로젝트 보고서에서 내 이름 석 자가 빠졌다는 사실은 충격적이었다. 마치 도둑을 맞은 느낌이었다. 보고서에서 이름이 빠진 것이야 퇴직을 하면 아무 일도 아닌 게 되지만 당시에는 바로 팀장에게 국제 전화를 걸어 따지고 싶었다. 이미 보고서가 발간된 직후라 수정할 수도 없는데 말이다. 해외연수 기간에 벌어진 이 사건은 남편에게 하소연하는 것으로 끝나버렸다.

하지만 당시 나는 팀장에게 이메일이라도 보냈어야 했다. 이미 지나간 일이니 섭섭하더라도 손을 쓸 수 없는 일이지만, 그런 일이 반복되지 않도록 내 의사를 알려야 했다. 귀국 후에도 그때의 감정은 남아 있었지만, 차마 입 밖으로 내뱉지는 못 했다.

회사의 결정에 순응하는 사람에게 회사는 보상을 해 줄까? 그 반대다. 실제로 그 전에도 그런 일이 있었다. 결혼 전 남편과 같은 프로젝트에 참여한 적이 있었는데, 결혼하고 나니 부장이 남편을 불렀다. 결국 남편은 과제 수행 중간에 다른 팀으로 소속을 옮겨 다른 프로젝트에 배치됐다.

일 년 후 부서에서 두 명의 후배가 결혼했다. 새로운 팀 내 커플이다. 그들은 달랐다. 부부는 다른 과제를 맡아야 한다고 부장이 권유했지만 그들은 끝까지 같은 과제에 참여했다. 결국 프로젝트를 마무리한 뒤에도 함께 다른 팀으로 이동했다. 부장은 그들 부부에게 더 이상 아무 말도 하지 못 했다. 우리 부부만 알아서 부서장의 말을 그대로 따랐을 뿐이었다.

사실 그냥 남아 있어도 전혀 문제 될 게 없었다. 후배 부부는 회사에서도 집에서 필요한 생활용품을 함께 찾아볼 정도였지만 우리 부부는 냉철할 정도로 회사에서는 사무적인 관계로만 지냈다. 회사와 가정을 완벽하게 분리하면서 말이다. 결국, 결혼했다는 이유로 남편만 부서를 옮겨 간 사람이 되었으나 누구도 알아주지 않았다. 누구도 챙겨 주지 않았다. 회사는 스스로 나서지 않으면 자연스레 묻히는 곳이었다. 우리 부부는 스스로 솔루션을 찾아야 했고, 서로 의기투합했어야 했다.

이런 사건들이 하나씩 쌓이면서 회사에서 마음이 조금씩 멀어져 갔다. "S 선배 퇴직할 때 나도 같이 퇴직할 거예요."라는 농담처럼 내뱉던 말이 현실이 되도록 준비하기로 했다. 사명감이 넘치도록 일했지만 그 끝에 찾아온 공허함을 해소할 방법을 찾았다. 무조건 칼퇴근을 하기로 마음먹었다. 야근하면서 내 시간을 바쳐도, 결국 남는 건 상처뿐이라는 생각이 들었기 때문이다.

그때부터다. 우리 부부의 칼퇴근이 시작되었다. 다행히 유연근무제가 가능했던 직장이다. 일반적으로는 9-6시 근무지만, 다른 사람과 마주치는 시간을 줄이기 위해 8시 출근, 5시 퇴근으로 근무 시간대를 변경했다. 남들보다 조금 일찍 출근하니 나만의 시간을 확보할 수 있었고, 오전에 집중해 업무를 일찍 끝내고, 오후 시간은 조금 여유롭게 보냈다.

점심시간에는 팀원들과 함께 식사한다. 동료들은 주로 식사를 마치고 사무실로 올라가 자기 의자에 앉아 낮잠을 잔다. 아니면 친한 동료들과 모여 커피를 마시며 수다 떠는 시간으로 보내는 경우가 대부분이다.

팀원들이 엘리베이터를 타러 갈 때 나는 곧장 지하 헬스장으로 갔다. 팀원들에게는 식사를 하고 바로 운동하러 가는 사람으로 각인시켰다. 헬스장에서는 팔운동, 다리운동 등 가볍게 10분~15분 정도만 운동을 하고, 마치면 바로 1층에 있는 사내 자료실, 즉 도서관으로 올라간다.

신문을 집어 들고 큰 책상 앞에 앉아서 읽는다. 잠시 후 남편도 자료실에 합류해 IT 관련 잡지나 책을 한 권 집어 건너편에 앉아 각자 자기계발 시간을 가지곤 했다. 자료실에 드나드는 사람은 몇 사람 되지 않았다. 신문을 다 읽고 책상 옆에 가서 가끔 혼자 틈새 운동을 한다. 태권도를 하듯이 한 팔씩 내밀었다가 당기는 동작을 하는 나를 보던 남편이 킥킥거리며 웃는다.

그렇게 점심시간도 제2의 도약을 준비하는 시간으로 만들어 나갔다. 열심히 일한들 알아주지 않는 회사에 대한 기대를 조금씩 줄였다. 대신 남편과 자기계발 시간을 갖는 도서관 데이트 같은 소소한 즐거움을 하나씩 만들어 나갔다.

"열심히 해도 아무도 알아주지 않는다"며 하소연을 하고, 뒷담화를 하며 내 소중한 시간과 에너지를 낭비할 필요가 없다. 혼자 해내야 한다. 몇 년 뒤 사표를 던질 때 나의 부재가 느껴지지 않도록 조용한 퇴사를 위한 빌드업에 집중했다. 회사에 서운한 감정이 생기지 않았더라면, 여전히 회사에 올인 하며 보내지 않았을까? 지금 와서 되돌아보면 참 다행이다 싶다. 누구도 알아주지 않던 시련이 오히려 내게 새로운 도약의 기회였다.

# 요구가 바뀌어도 할 수 있어야 한다

　정부출연연구소 본원은 대전에 있다. 나와 남편은 분원인 서울 지역으로 첫 발령을 받았는데, 입사하자마자 대전으로 부서 전체가 이동하게 될 수도 있다는 소문이 돌았다. 첫해는 소문만 무성하다가 아무 일 없이 지나갔지만 다음 해 또다시 소문이 나돌았다. 3년이 지났다. 양치기 소년의 거짓말처럼 다시 소문이 돌았다. '그냥 지나가겠지.' 라는 생각이 들었다. 결정된다면 그때 고민하기로 했다.

　서울지역 근무자들은 2000년 초, 서울에 분원이 생기면서 몇 개 팀을 선별해 강제 이동된 사람들이다. 그중 일부 결혼한 직원들은 주말부부로 지내다가 가족들까지 수도권으로 이사했다.
　연구소 대표의 임기는 3년이다. 그럴 때마다 지방 이동설이 다시 솔솔 불거져 나온다. 분원이 생긴 지 20년이 훌쩍 넘었고, 가족과 함께 서울이나 경기권에 터를 잡은 사람들은 다시 대전으로 근무지가 바뀌면, 주말부부로 지내야 할 상황이다. 아이들과 배우자가 지방으로 내려가 생활하고 싶어 하지 않아서다.

젊은 연구원들은 퇴사하겠다는 강수를 두었다. 우리 부부를 보고 "같이 대전으로 내려가도 되니까 문제가 될 것 없겠다"며 전혀 반갑지 않은 말을 건네는 사람도 있었다. 취업을 위해 지역 근무를 고려해 면접을 보긴 했었다. 다만, 대학부터 20년 이상을 서울에서 살았더니 나도 남편도 대전으로 내려가고 싶지 않았다. 퇴근길 자동차에서 남편에게 들릴 듯 말 듯 말을 흘렸다. 진짜 대전으로 가야 한다면 어떻게 할지, 대전에 집을 사야 할지, 서울 집은 전세로 주고 가야 하는지, 후배들처럼 퇴사를 무기로 강수를 둬야 할지….

역시나, 한동안 어수선하던 지방 이동 분위기는 다시 사라졌다. 괜한 고민만 했다.


정권이 교체되면 각 부처의 '기관장'이 바뀌고, 그 아래로 줄줄이 부장도 교체된다. 아무래도 한국인 정서상 자신보다 나이가 많은 사람을 부하직원으로 두기 껄끄럽기 때문일 것이다. 즉 '기관장'보다 어린 사람이나 후배를 아랫사람으로 인사이동 시키는 것인데, 이런 인사 시즌만 되면 뭔가 분위기가 어수선하다. 사실 팀원으로서는 기관장이나 본부장이 누구인지보다는 '팀장'이 누가 될지가 더 궁금하지만 말이다.

새로운 업무 계획을 작성할 때 궁금한 게 있어서 물어보려고 계획부서, 관리부서, 정책부서로 전화를 하면 받지를 않는다. 이메일을 보내도 열어보지 않는다. 부서장이나 팀장도 그동안의 부서 업무보고 작성에 여념이 없다. 팀원에게 할당된 빈칸에 데이터를 채워 넣느라 바쁘다.

'새 양식 첨부합니다. 내일 본부장실에 제출해야 하니, 내일 오전까지 제출 바랍니다.'

메일 하나가 또 도착했다. 양식에 맞춰서 다시 보내야 한다.

이렇게 내 의지와 상관없이 일하는 근무지가 바뀌고, 기관장이 바뀌고, 담당자가 바뀌고, 팀장이 바뀌어도 참여하는 프로젝트의 주 업무는 사실 변화가 없다. 다만 부수적인 보고자료를 작성하느라 추가 업무만 생길 뿐이다. 보고받는 사람이나 종합하는 사람이 바뀌면, 다른 양식에 같은 내용을 채워달라는 메일을 일 년에도 몇 번씩 받았다. 관리자로서는 업무 파악을 위해 본인의 입맛에 맞게 보고받고 싶어 한다. 양식만 달라진 메일을 수신하면, 힘없는 팀원은 일하고 싶은 의욕이 없어지고, 혼자 구시렁거리며 빈칸을 채울 수밖에 없다.

팀장이던 L 책임이 부장이 되었다. L 부장은 자유분방한 성품에 평소에도 번뜩이는 아이디어를 빵빵 터트리는 분이다. 보고자료를 굳이 만들 필요도 없었다. 원본 데이터 그대로 설명하는 방식을 선호했다. 불필요한 보고 자료를 작성하는 시간을 줄이라고 했고, 가끔은 공문을 올리면 검토하기는 했나 싶을 정도로 결재 상신을 하자마자 1분도 안 되어 결재 승인이 났다. 팀원이 작성한 내용을 그대로 수용했다. 상위부서에 자료를 제출하는 것도 부장이 본부장에게 구두보고를 했다. 그러니 팀원들의 보고 자료 작성을 위한 행정업무 부담이 많이 줄었다.

L 부장은 행정업무보다 과제 내용에 더 관심이 많았다. 프로젝트를 수행 중에 SW 분야 담당자들과 협력업체 직원들이 함께 인터페이스 설계에 관한 회의가 있었다. 그 회의에 L 부장이 참석해 자신의 의견을 피력했다. 그를 제외하고 회의에 참석한 사람들 모두 동의할 수 없는 내용이었다. 그는 자신의 아이디어가 반영되지 않자 화를 버럭 내고는 나가버렸다. 나와 W 선배가 담당자였는데, 결국 힘없는 우리는 책임자인 부장 의견을 따라야 했다.

"L 부장이 지시한 사항이에요. 다음 주까지 고민해 보고 다시 이야기하죠."

"그렇게 만들면, 한 번 더 변환하는 과정이 생겨서, 오히려 문제가 많아요."

"그래도 한 번 고려해 주세요. 표준 인터페이스 만들면 그래도 타 사업은 도움 될 거예요."

"알겠습니다. 그럼 다음 주까지 고민해 보고 다시 회의 잡죠."

개발 담당자가 수용하기 어려운 상사의 의견이지만 협력업체에 그대로 전달할 수밖에 없었다. 다행히도 협력업체에서는 번거롭지만 구현 가능하다고 답변해 주었고, L 부장의 의견이 받아들

여겼다. 프로젝트는 그렇게 마무리되고, 성능을 개선하는 후속사업이 착수되었다. L 부장의 주장이 반영된 개발품은 후속사업에서 해당 부분을 다시 제거하는 것으로 되돌려졌다.

타 부서에서 온 K 책임이 부장이 되었다. 보통은 팀 내에서 팀장이 부장으로 승진하는 경우가 많지만, 신기하게도 우리 부서는 보직을 맡고 싶어 하는 사람이 없었기 때문이다. 사업에 대한 책임을 져야 할지도 모른다는 부담감 때문이었을까. 관리와 보고업무가 많은 팀장, 부장보다 실무 연구를 하는 팀원으로 남는 걸 선호했다. 나조차도.

타 부서에서 온 K 부장은 진행 중인 과제에 대한 이해도가 떨어졌다. K 부장에게 결재를 올리면, 항상 사무실 전화벨이 바로 울렸다. 와서 설명하라는 전화다. 예전 L 부장과 완전 반대다. 교정 교열하듯 연필 하나를 들고, 한 단어씩 꼼꼼히 읽으면서 오타나 본인이 이해하지 못 하는 문장마다 하나씩 줄을 그었다. 그리고 본부장에게 보고하기 위해 전체적인 내용을 본인이 보고하기 쉽게 문장 구조도 고친다. 그대로 결재문서를 수정하고 다시 결재를 올렸다.

한두 달 이런 과정을 거쳤다. 사업상 결재문서가 많아지니 드디어 K 부장도 달라졌다. 결재를 올리면, 몇 분 지나지 않아 자동으로 승인되기 시작했다. 시간이 해결해 주었다.


상사들은 자신만의 스타일대로 일하도록 지시한다. 팀원들은

상사에게 맞춰 일하거나 다른 부서로 옮겨가거나 퇴사하는 방법
뿐이다. 몇 년 지나면 또 다른 사람이 상사가 된다. 누가 그 자리
에 올지는 모른다. 구관이 명관이라는 말이 있다. 팀장의 자리, 부
장의 자리, 본부장의 자리, 기관장의 자리… 누가 오든지 시간이
지나고 나면 명관이 되는 것이다.

　각자 자신의 스타일대로 부서원들을 이끌어 가려고 하지만
결국 본질은 하나다. 룰은 또 바뀐다. 15년 이상 직장에서 팀원
으로 일하면서 깨달은 점이 하나 있다. 미리 걱정할 필요가 없다
는 것이다. 상사가 누구든 그냥 내게 주어진 업무에만 몰입하다
보니 시간이 흘렀다. 그러자 주변의 누가 뭐라고 해도 아무렇지
않았다.

# 평가를 잊어야 한다

연말은 개인 종합평가를 시행한다. 잊을 만하면 찾아오는 불편한 손님이다. 승급심사를 앞둔 사람은 괜스레 '너무 일찍 퇴근하나?' 싶어서 업무가 끝났음에도 퇴근하지 않고 자리를 지키고 있기도 하다. 평가 전 한 달은 평가하는 사람들에게 밥이든 커피든 사면 안 된다는 규정도 생겼다. 평가를 잘 해달라고 하는 청탁으로 비쳐질 오해 때문이다. 대신 평가하는 사람이 밥을 사는 건 괜찮다.

업무평가를 받기 위해서 일 년간 수행해 온 업무들을 시스템에 입력했다. 업무일지를 열어 1월부터 지금까지 있었던 일을 되돌아보며 몇 줄 적었다. 최소 다섯 개 항목으로 나눠서 구분해 입력해 달라는 부장님 지침이 내려왔다. 평가점수가 몰려 있을 수 있어서 팀원들의 점수를 미세하게 조절하기 위함이다. 적어도 1%, 5% 가중치를 나누어 입력한다. 업무분야를 나누고 상세하게 몇 줄 채워 넣었는데, 정작 팀장과 부장이 평가할 때는 업무 내용은 보지 않고 점수를 매기는 느낌이다.

업무평가 외에 부장, 팀장을 평가하는 상향 평가와 팀원들을 평가하는 동료평가로 나뉜다. 나름 나만의 기준을 정하고 평가항목을 읽어 보면서 꼼꼼히 점수를 입력했었다. 항목별로 S, A, B, C, D 레벨로 구분된다. 기본적으로 모두 A를 넣었다. 평소 친하게 지내던 사람은 S 점수를 몇 개 더 주고, 평소 불편했던 사람은 그대로 두거나 항목 하나를 B로 한 단계 내렸다. 전체 합계를 보고, 같은 점수가 나오면, 친한 사람의 점수를 하나 더 높여 주고 나름 고민하면서 동료평가를 했다. 모두 입력하고 보니 팀원들을 점수로 줄을 세워 버렸다.

며칠 후 평가 결과가 나왔다. 업무평가가 A다. 평가등급 S+, S, A+, A, A-, C 중에서 중간이다. 85% 이상이 A다. 15년간 대부분 평균대였다. 운 좋게 S나 A+를 몇 번 받은 적이 있지만 그해에 특별하게 더 열심히 일했던 기억은 없다. 평가가 잘 나온 시기에 일을 더 많이 한 것도, 평가가 낮았던 시기에 일을 적게 한 것도 아니다. 부서장과 팀장이 바뀐 결과였다. S 팀장에서 K 팀장으로 바뀐 후 그냥 평가점수가 낮아졌다가 몇 년 후 S 선배가 팀장으로 복귀하면서 평가점수가 올라갔다. 그뿐이었다.

책임 승급을 앞둔 진급 대상자들에게 평가를 후하게 해 주는 관습이 있었다. 승급을 앞둔 후배들은 언젠가 본인 차례가 오겠지 하는 기대감으로 어느 정도 참았다. 하지만 내가 승급을 앞둔 해에는 그런 혜택이 사라졌다.

평가는 늘 그렇다. 내가 어떻게 하느냐는 중요하지 않았다. 그냥 부서장, 팀장 마음에 따라 달라질 뿐. 입사 초기에 팀장을 잘 만났다. 월급도 성과급도 조금 늘었다. 하지만 팀장, 부장이 바뀌면서 평균 등급으로 내려왔다. 근무연수가 쌓이면서 1호봉 높아졌어도, 성과등급이 낮아지니 급여는 줄었다. 평소보다 더 받다가 평소대로 받은 상황이지만 빼앗긴 느낌이라 기분은 씁쓸했다.

일 년간 미국 연수를 다녀왔더니 동료평가 점수가 부서 평균보다 낮았다. 뭘 잘못 했을까? 자괴감이 들었다. 그래도 십 년 이상 동료평가에서 부서 평균을 웃돌게 받았었는데, 연봉이랑 상관은 없지만 속상하고 억울했다. 남편은 같은 1팀이었다가 2팀으로 이동한 상황이다. 서로 평가 결과를 공유했다. 업무평가는 남편의 평가점수에 비해 내가 더 높았다. 동료평가는 반대로 남편이 월등히 높았다. 비교를 해보면서 둘 다 기분이 별로였다. 각자 높은 점수를 받은 것에 기분이 좋아진 게 아니라 서로 나쁜 평가를 받은 부분을 속상해 했다.

"이 박사, 평가 잘 받았어?"

"아니요. 충격 받았어요. 동료평가가 평균 이하예요. 저, 잘못 살았나 봐요."

"잉? 그럴 리가."

며칠 후 몇몇 사람들에게 평가에 대해 묻고 다니던 S 팀장은 다른 팀장들과 회의에 참석한 뒤 그 이유를 알아냈다. 1팀 소속 팀원들 대부분의 평가가 낮게 나왔다. 이유는 2팀 소속 팀원들이 동료평가를 대부분 99점이나 100점을 줬기 때문이란다. 2팀은 대부분 40대, 50대 이상의 책임급이 많지만, 1팀은 상대적으로 젊은 선임급이 많다. 1팀의 젊은 사람들은 상대적 기준치가 낮아서 기본 점수대가 90점이었다. 그런데 상대적 기준치에 대한 보정 없이 1팀과 2팀을 섞어서 부 단위로 평가하다 보니, 1팀 사람들이 대부분 평균 이하였던 것이다. 평가가 낮게 나온 이유는 밝혀졌지만 여전히 기분은 썩 좋아지지 않았다. 평가 시스템 오류지만 당장 고쳐지는 게 아니었기 때문이다.

입사 초기에 팀 인원 중 절반은 파견을 나가 근무했다. 그래도 팀원들 평가를 해야 한다. 일 년에 얼굴을 몇 번 볼까 말까 한 팀원들을 평가한다는 건 그냥 찍는 수준이다. 동료평가 점수가 제대로 나올 리 없다. 같은 프로젝트에 참여하는 동료들의 점수를 높게 주고, 파견을 나간 동료들의 평가점수는 낮을 수밖에. 내가 그랬듯, 다른 팀원들도 아마 그랬을 테니 말이다.

머리로는 이해하더라도, 서운한 감정은 어쩔 수 없다. 나름 과제 준비로 열심히 했다고 자부하던 한 해를 보냈어도 평가는 오히려 낮게 나왔고, 일반적인 업무만 하던 해에 평가가 잘 나오기도 한다. 평가 정보나 연말 인센티브 등 개인정보를 다른 사람과는 낱낱이 공개하거나 터울 없이 이야기하기는 쉽지 않기에 차별을 밝혀내기는 쉽지 않다.

하지만 같은 회사 동료이자 부부였기에 우리는 가능했다. 하나부터 열까지 낱낱이 비교할 수 있었다. 남편은 한 번 더 다른 부서로 이동했는데, 우리 부서와는 또 다른 기준을 적용했다. 같은 일 하는데, 기준이 다른 평가를 받는 게 부조리하다 느꼈다. 하지만 서로를 평가하고, 평가받는 건 아무 의미가 없음을 퇴직을 앞두고서야 받아들일 수 있었다.

사표를 가슴에 품고 나자 역량 평가든 동료평가든 더 이상 중요하지 않았다. 그 일이 있던 다음 해부터 나만의 동료평가 기준을 세웠다. 더 이상 평가에 연연하지 않으니 마음이 편해졌다. 다른 팀원들에게 오히려 좋은 일을 해 주고 싶었다. 대부분의 사람들은 평가로 상처받는다. 나라도 점수 잘 줘야겠다 마음을 먹고 팀원 모두에게 100점을 줬다. 이제껏 한 번도 적지 않았던 동료평가 기타 의견에도 "일 년 동안 수고 많이 하셨습니다." 라는 메시지를 남겼다. 혹시나 평가 종합점수가 나쁘더라도 메시지 한 줄에 힘이 났으면 하는 마음이었다. 퇴직 전 내가 받은 평가 결과는 보통과 다를 바 없었지만 더 이상 기분이 나쁘지는 않았다.

로마제국 황제이자 철학자 마르쿠스 아우렐리우스는 『명상록』

(167)에서 "(품위는) 다른 사람의 증언에 좌우되지 않는다." 라고 했으며, 『데일 카네기의 자기관리론』에서는 "부당한 비판은 칭찬의 다른 모습이다." 라고 했다.

타인을 나무라는 부당한 평가 대신 연말마다 찾아오는 불편한 손님에게 따뜻한 감사와 칭찬의 말을 남기며 관대함과 온화함을 느끼는 시간이었다.

# 건강해야 한다

또 엄마 전화다. 하루에 한 번 이상 걸려온다. 어떤 날은 열 번이 넘을 때도 많다. 특별히 급한 내용이 있어서 하는 건 아니다. 어디 전화할 데 없나 계속 고민하는 우리 엄마. 수시로 단축키를 누른다. "뭐하노?" 언니 둘과 나 이렇게 딸 셋에게 전화 걸어서 하는 말이다. "전화 많이 하려면 자식 열 명은 있었어야 했는데." 하고 농담을 할 때도 많았다.

유독 내게 전화를 많이 했다. 언니들은 바쁘다고 그냥 전화를 받지 않거나 받아도 바쁘다고 뚝 끊어버리곤 했다. 나만 엄마 전화를 대부분 받는다.

회사에 다닐 때는 업무시간에 전화를 너무 자주 하셔서 '점심시간'을 알려드렸다. 딱 그 시간에 전화하라고. 정확히 12시 30분이 되면 전화벨이 울렸다. 퇴근하고 집에 돌아오면 바로 전화벨이 울린다. 전화벨 소리만 들어도 안다. 엄마 번호는 특별히 다른 음악으로 정해 두었기 때문이지만 사실 내게 걸려오는 전화의 97%는 엄마인지라 다른 벨 소리가 오히려 특별하게 느껴질 정도였다.

결혼 전에는 엄마 전화가 오면 받고, 바쁘면 다음에 통화하자고 편하게 말하며 끊었다. 결혼하고 나니 남편에게 엄마가 이상하게 보일까봐 신경이 쓰였다. 엄마도 그걸 눈치 챘는지 결혼 후에는 전화를 줄였다. 사위한테 미안했는지, 전화를 하시면 남편은 뭐하냐고 먼저 묻고는 옆에 같이 있다고 하면 바로 뚝 끊었다. 남편과 외식을 할 때도, 아침을 먹을 때도, 영화를 볼 때도 어김없이 전화다. 지금부터 영화를 보니까 전화하지 말라며 미리 당부해야 했다.

어느 날부터인가 전화벨이 울리지 않았다. 점심시간에도, 퇴근해서 집에 도착했어도 조용했다. "어, 이상하다? 오늘 엄마가 왜 전화 안 했지?" 그런 날이 계속되었다.

아침 10시부터 퇴근할 때까지 회의를 하고, 남편과 해장국 한 그릇을 사 먹고 집에 와서는 투자 공부를 한다고 엄마에게 신경 쓸 겨를이 없었다. 이미 시간은 흘러서 밤 11시 50분이다. "요즘, 장모님한테서 전화가 안 오네? 내일 전화 좀 해봐." 남편도 이상했나 보다.

주말에도 독서를 하고 재테크 공부하느라 전화기를 어딘가 던져두고 거들떠보지 않았다. 전화하는 걸 또 잊어버렸다. 일요일 저녁 먹고 좀 쉬어야겠다 싶어서 침대에 누웠다. 엄마 생각이 났다. 단축키 1번을 눌렀다. 엄마에게 전화했지만, 아빠다.

"여보세요, 엄마 뭐 해? 엄마는? 요즘 엄마가 전화를 잘 안 하네. 그래서 전화해 봤어."

"엄마, 전화 못 받는다. 여보, 윤정이 전화 왔네. 전화 받아 볼래?"

"……."

"엄마 어디 아파? 어떤데?"

"모르겠다. 며칠 전부터 계속 누워 있고, 전화도 못 한다."

"그래? 병원 가 봐요."

"요즘 밥도 못 먹고, 잠만 잔다."

엄마와 통화를 못 했다. 아빠 목소리에도 힘이 없다. 옆에서 통화 내용을 듣던 남편이 당장 친정에 가보라고 한다. 출근을 해야 하는데 어떻게 가냐고 하자, 출근이 문제냐며 기차표부터 알아보란다. 그 정도로 심각한 줄 몰랐다. 옆에서 자꾸 남편이 부추긴다. "빨리!!!" 얼떨결에 기차표를 알아봤다. 밤 10시 기차표가 있다. '하루 휴가면 되겠지.' 하는 마음으로 대충 소지품만 챙겨 청량리 역으로 향했다. KTX에 타고는 전화를 걸었다. "아빠, 나 지금 내려간다.""뭐 하러 와.""엄마, 얼굴 한번 보려고.""알았다. 조심해서 와."

자정이 넘어 안동역에 도착했다. 택시를 타고 집 앞에 내렸다. 현관문을 열고 들어가니, 엄마가 거실에 누워 잠든 모습이 보인다. 아빠는 얼른 가서 자라고 하고는 엄마 옆으로 가셨다. 일단 잤다. 아침 여덟 시에 팀장에게 사정 이야기를 보고하고 엄마에게

갔다. "엄마, 윤정이 왔다." 라고 불러봤다. 인기척이 없다. 여러 번 불러도 대답이 없다. 엄마 몸은 축 처져 있다. 며칠이나 누워 있었는지, 종아리를 만져보니 몰캉몰캉하다. 근육이 하나도 없다. 아무래도 이상한 기분이 느껴졌다. 아빠에게 병원으로 데려가자 했다. 119를 불렀다. 소방대원이 와서 체온을 재보니 거의 38도다. 근처 종합병원으로 갔다. 격리실에서 코로나 검사를 하고 대기했다. 다행히 코로나 음성 판정이 나서 응급실로 병상을 이동할 수 있었다. 코로나-19 상황이라 보호자는 한 명만 있을 수 있다. 아빠가 남았다. 결국 나는 집으로 돌아와 방바닥에 누웠다. 적막한 방에서 멀뚱멀뚱 천정만 바라본다. '아, 엄마. 어쩌지?' 아무도 없는 집에서 할 게 없다. 이틀 후, 서울로 올라왔다가 주말에 남편과 함께 다시 내려갔다. 엄마는 한동안 아무것도 못 먹었다. 그동안 먹던 약을 끊고, 상황을 지켜보는 단계였다. 다행히 정신은 조금씩 돌아오고 있었다. 에어 프라이어에 고구마를 몇 개 구워 가져갔다. 엄마가 다행히 '군고구마'라는 단어에 반응을 보였다. 한 입 베어 무셨다. 며칠 만에 먹은 첫 끼니다. 그 후부터 조금씩 식사를 시작했다. 열흘 정도 입원했다가 퇴원할 수 있었다.

엄마는 50여 년간 신경정신과 약을 먹고 있었다. 무릎 관절이 아프다고 약을 삼켰고, 소화가 안 된다고 소화제도 함께 먹었다. 경도성 치매약도 먹어야 했다. 식후에 먹는 약이 한 주먹이다.

병원에 입원하자 의사는 복용하던 약을 모두 중단시켰다. 그러자 엄마 정신이 오히려 맑아진 듯 보인다. 읽지도 않던 책을 읽겠다고 할 정도로. 신기하게 내 휴대폰은 여전히 조용했다.

연애 시절, 버스를 타고 가다가 남편에게 엄마 이야기를 남편에게 꺼냈던 적이 있다. 엄마가 나를 너무 좋아한다고. 그래서 나중에 결혼해도 부모님이 아프면 집 근처로 모셔야 할지도 모른다고 말이다. 장남인 남편도 시부모님이 연로해지시면 본인이 모셔야 할지 모른다고 반응했다.

양가 부모님을 동시에 같은 집에 모시기는 쉽지 않은 일이다. 그 불편한 감정이 우리 연애를 잠시 갈라놓았다. 한동안 연락하지 않았다. 서로에게 부담을 안겨 준 감정 때문이다. 결혼하는 게 맞나 싶기도 했다.

얼마 뒤, 부모님 일은 좀 더 시간을 두고 생각하기로 하고 다시 만났다. 남편은 해외에 가서 살고 싶다는 이야기를 종종 꺼내곤 했는데, 그럴 때마다 '우리 엄마는 내가 한국에 없으면 전화할 곳이 없어서 못 살 텐데' 하는 생각이 우선 들었디렜다.

지방에 계신 시아버님은 몇 년 전 서울에 있는 강남 세브란스에서 척추수술을 받았다. 고등학교 때 수술한 이후로 나도 6개월에 한 번 병원에서 약을 처방받는다. 남편도 갑작스럽게 결석과 통풍 등 몸에 이상신호가 생겼다. 그래서 일 년에 서너 번 병원엘 가야 한다. 결국 우리 부부는 자기 자신은 스스로 챙기고, 서로의 부모님은 각자 챙기기로 했었다.

언니들 모두 사느라 바쁘고, 엄마가 편찮으셔도 일하고 있어서 따로 시간을 내서 가기 어렵다. 그나마 직장에 다녀도 여유가 있는 건 나뿐이라고 생각했다. 부모님을 챙길 수 있는 건 나뿐이라고 직장 선배언니에게 털어놓았다. 선배언니는 혼자 짐을 다 짊어져야 한다는 부담을 내려놓으라고 조언했다. 내게는 형제도 있고, 아빠도 있으니 같이 나눠서 돌보면 된다고 말이다.

그 말을 들으니, 한결 마음이 편해졌다. 연애시절 버스에서 다투게 된 것도 아마 그 부담감 때문이었던 거였다. 언니들에게 전화를 걸었다. 엄마가 편찮으신데 어쩌면 좋겠냐고. 그러자 언니들도 한 달에 한 번 친정에 내려가 보겠다고 한다. 그제야 안심이 되었다.

요즘은 왜 이민가자고 이야기를 안 하는지 남편에게 다시 물었다. 이젠 부모님 건강도 그렇고, 우리도 자주 병원에 다녀야 하니 외국 가서 살겠다는 생각이 없어졌다고 한다. 한 살 더 먹을 때마다 조금씩 하고 싶은 일만 하고 살 수는 없다는 걸 이제 깨닫는다. 우리 둘만의 시간만으로 여유롭게 살 수만은 없었다.

은퇴 후에도 우리의 시간 일부는 부모님, 가족들을 돌보는 시간도 챙겨둘 필요가 있다. 아픈 사람이 옆에 생기면, 하고 싶은 일을 적극적으로 하지 못 했을 때 느끼는 무력감이 생긴다. 나조차 힘이 빠지면 모두가 힘들다. 이은화의『나, 치매요 어쩌면 좋소』에 따르면, 내 마음대로 되지 않는 이야기들로 투정을 부리고 부모 품에 기대어 보는 것이 오히려 부모님의 존재감을 느끼게 해주는 일이 되기도 한다. 걱정보다는 생기 넘치고 에너지가 뿜어져 나오는 건강 시간을 조금씩 확보하는 것, 기분 전환을 하는 나만의 건강 철학이 필요하다.

# 전문가가 되어야 한다

"안녕하세요, S 책임이 소개해 주셔서 전화했습니다. ○○○ 분야 전문가시라고 소개받아서요. 하나 물어봐도 될까요?"

"네? 제가 전문가라고 했다고요? 음, 도움이 될지 모르겠지만 궁금한 게 뭔가요?"

대학원 시절 취업원서를 알아보다가, 신입사원으로 입사했을 때 걱정되는 게 하나 있었다. 최종 학력으로 박사학위를 취득하게 될 예정이라서, 입사를 하게 되면 바로 리더나 팀장 같은 직무를 맡게 될 줄 알았다. 다행히도 석사, 박사학위를 가진 사람들이 많은 연구소에 들어간 덕분에 그냥 말단 신입사원일 뿐이었다.

한해 일찍 입사한 선배 두 명이 있었다. 그 선배들과 그 위의 선배는 거의 10년이나 나이 차가 났다. 그만큼 회사에는 신입직원

채용을 잘 하지 않는 분위기였다. 일 년 선배 둘은 모두 석사학위를 받고 취업한 상태였는데, 남자인 W 선배는 나보다 나이가 두 살 위였고, 여자인 H 선배는 나보다 세 살 어렸다. 회사에는 딱히 정해진 호칭이 없었다. 누구는 선배라고 부르고, 누구는 박사님, 책임님, 부장님, 파트장님, 팀장님 등의 타이틀을 붙여 호칭을 부르기도 했고, 누구는 언니, 형이 될 때도 있었다.

나이가 많은 선배에겐 그냥 "W 선배님" 하고 자연스럽게 불렀다. 세 살 어린 H 선배의 호칭이 애매했다. 나이가 적다고 해서 선배라고 부르지 못 할 상황은 아니지만 두 선배는 모두 연구원이고, 나는 선임연구원인 상황이었기 때문에 더욱 그랬다.

함께 입사한 동기 중 한 명이 바로 그 H 선배와 학교 동기였는데, 식당에서 우연히 셋이 밥을 먹으면서 오묘한 분위기를 느꼈다. 동기와 H 선배는 친구 사이인지라 반말을 주고받고, 나와 동기도 "언니", "K야" 하면서 반말을 하는 사이다. 나와 H 선배만 호칭과 경어체가 뒤섞였다. 지나고 보면 아무 일도 아닌 일이지만 처음에는 나 혼자 참 어색했다. 밥을 먹으며 대화를 하다가 안 되겠다 싶어서 H 선배에게 "앞으로는 이름 불러도 돼?"라고 물었더니 흔쾌히 그러라고 한다. 그 뒤로 H는 나를 "언니!"라고 불렀고, 나는 H의 이름을 부르는 사이가 되었다. 대신 대화할 때는 서로 높임말을 썼다. 남자 선배는 어차피 여자 동기에게 "H씨"라고 부르며, 경어체를 썼다.

W 선배는 몇 년 후 나와 연인이 되었다. 바로 지금의 남편이다.

남편은 후배들에게 무조건 경어체를 사용한다. 그 덕분에 후배나 나이가 어리더라도 공적으로 만난 사이라 높임말을 쓰며 격식을 차렸다. 일부 친해진 직원들끼리는 언니, 형이라고 부르며 스스럼없이 지내는 사이도 있지만 우리 부부는 직장에서는 어느 정도 격식을 차려야 하지 않을까 하고 생각했다. 그러다 보니 남편과 연애를 할 때도 서로 격식을 차리며 지냈다.

결혼하니 호칭이 애매했다. 직장에서 서로 극존칭을 써오던 사이다 보니, 집에 와서도 남편을 뭐라고 불러야 할지 애매했다. 결국 부르지 못 했다. 몇 년 동안 그냥 "있잖아요." 하거나 직접 옆에 가서 이야기할 정도였다.


취업하고 6개월 만에 신입사원이 한 명 채용되었다. 마침 팀에서 새로운 과제를 준비했는데, 과제 책임자 S 선배와 취업한 지 일 년 차인 W 선배, 2월에 들어온 나 그리고 7월에 들어온 B 직원이 한 팀이 되어 프로젝트에 참여했으며 몇 개월 후 P 선임이 합류하여 다섯 명이 한 과제를 꾸려갔다.

학교에서 배운 적 없는, 처음 접하는 분야라 용어조차 생소했다. 과제 수행에 필요한 외국 표준을 하나씩 들추어 보면서 세미나를 준비했다. 용어도 익히지 못 한 상황에서 영어 표준을 읽고 세미나를 하니, 번역을 해도 의미가 이해되지 않는다. 국내에서 처음 시도하는 연구였다. 과제 책임자였던 S 선배를 제외하고는 모두 처음이었다. 누군가 이런 상황을 보고는 '서태지와 아이들'

대신 'S와 아이들'이라고 부르기도 했을 정도다. 세미나를 해도, 모두 모르는 상태다 보니 질문에 답하면서 누군가 "이게 정답입니다." 라고 해 줄 수 있는 상황이 아니었다. 결국은 외국 전문가와 만날 기회가 생기거나 회의, 교육, 콘퍼런스에 참여하면서 하나씩 문제를 해결해 나갈 수 있었다.

다섯 명은 각자의 분야를 정해 나름대로 자신만의 영역으로 파고들었다. 아무것도 모르는 상태에서 출발했다. 여기저기 부딪히며 표준을 찾아보고 교육도 받고, 토론도 하고 외국 장비를 사용하면서 배웠다. 협력업체 인력과 함께 소프트웨어를 설계하고, 테스트했다. 테스트 하다가 결함이 나오면 오류를 고치고, 문제부터 해결하면서 개선사항이 생기면 다시 업그레이드 했다. 그리고 다시 또 검증한다. 마침내 다른 부서에서 개발한 과제와 통합시험까지 마쳤다. 39개월 과제를 종료하고 나니 신입사원이던 세 명의 연구원은 이제 각 분야의 전문가라 불리기 시작했다.

어떤 과제도 완벽하게 준비한 상태에서 시작되는 상황은 없다. 한 직장에서 16년 동안 근무하면서 여섯 개 프로젝트에 참여했었지만 어느 것도 똑같은 과제가 없었다. 아무리 준비를 잘 하더라도 수행하는 과정에서 시간이 흘러 다른 세상이 되기도 했고, 외부기관의 지침이 달라지기도 했으며, 내부 상황이 달라질 때도 있었다. 참여 인력은 항상 부족했다. 프로젝트 수행에 필요한 필수 인력은 오십 명이라고 요구를 해도 인력관리 부서는 고작 정규직 열두 명만 할당해 주었다. 부족 인원은 분할 과제를 주거나 계약직을 채용하라고 한다. "사람이 없으면 과제 못 한다고 해야 하는 거 아닙니까?"라는 불만도 나왔지만 연구소 밖에서는 아무도 그 일을 하겠다고 나서는 업체가 없다며, 결국 제한된 인원으로 팀에서 사업을 해야 한다고 결정을 내렸다. 더군다나 코로나 상황까지 겹쳤다. 해외 협력도 모두 중단되고 부품 수급도 지연되는 상황까지 생겼다. 과제는 4년 뒤에 무조건 종료해야 한다.

처음 하는 일을 하자면 당연히 스트레스가 쌓이게 마련이다. 해본 적 없는 일 때문이고, 지침이 바뀌었기 때문이다. 난항에 부딪히는 경우는 다반사다. 누구도 모든 걸 알고 시작하는 상황은 극히 드물다. 누군가 한 번 해본 적 있다고 하면 천군만마를 얻은 느낌이다. 한마디 조언으로 해결되기도 한다. 그러면 그가 바로 전문가다. 전문가가 되는 건 어렵다고 생각하기 쉽지만 바꿔 말하면 한 번만 해보면 모두 전문가가 될 수 있다는 말이다. 비전문가의 조언도 더러 도움이 될 때가 많고, 상사의 격려 한마디로 새로운 전문가로 태어나기도 한다.

처음엔 업무를 잘 몰라 걱정했지만 어딜 가나 처음부터 '전문가'였던 사람은 없었다. 나로서는 다행이었다. 어차피 전문가가 없으니 내가 전문가가 되면 그만이었다. 이런 마음은 일에 대한 두려움을 없애고, 적극적으로 배우고 일하는 데에 도움이 되었다. 빠르게 적응하고 인정받을 수 있었다.

하기 싫은 일을 해야 할 때, 회사를 그만두고 싶다는 생각을 한 번씩 하게 된다. 일에 대한 두려움, 사람에 대한 불편함 등 여러 가지 이유에서다. 그럴 때마다 '내가 전문가!' 라고 생각해 보자.

전문가란 무엇인가? 네이버 어학사전 정의에 따르면, "어떤 분야를 연구하거나 그 일에 종사하여 그 분야에 상당한 지식과 경험을 가진 사람"이라고 한다.

회사 업무에서도 하나씩 쌓아온 성공과 실패 경험들이 바로 나의 전문성을 표현한다. 그걸 가진 사람이 바로 전문가다. 전문가가 한 번 되어 보는 경험은 나름 인정받는 욕구를 충족시킬 수도 있고, 사내교육 등 또 다른 전문 분야로 확장할 기회를 얻게 될 수도 있다.

# PART 2

# 조기 은퇴를
# 위한 기준

# 직장 상태와 투자 모드 : 내면관리

입사하면서부터 모아온 돈을 탈탈 털어 신혼집을 마련했다. 회사 근처에 살고 싶은 아파트가 있었지만 돈이 부족했다. 하는 수 없이, 있는 돈에 맞춰 집을 샀다. 매달 남편과 내 월급의 50%를 모아 5년 후 이사하자는 계획을 세웠다. 나머지 월급으로는 생활비와 신혼의 여유를 즐겼다. 둘이 휴가를 맞춰 일 년에 한 번 해외여행을 다니기도 했고, 근처 W호텔 멤버십에 가입하기도 했다. 멤버십 할인 혜택 덕분에 호텔 식당에도 일 년에 한두 번 드나들면서 직장 스트레스를 풀었다. 당시만 하더라도 정년퇴직할 때까지 회사에 다닐 줄 알았다.

결혼 십 년 차쯤 되니 해외여행과 맛집도 잠시뿐이라는 생각이 들었다. 다시 일상으로, 직장생활로 되돌아갔다. 직장생활 십 년 차가 되어도 연구소에서는 하는 일에 변화가 별로 없었다. 팀을 옮긴 남편의 경우, 후임조차 없어서 팀에서 여전히 막내였다. 부서 내 연구 장비를 관리하는 잡무를 도맡아야 했으니 십 년 동안 가슴에 차곡차곡 쌓아 둔 사표가 불쑥불쑥 튀어나오는 일이었다.

하지만 퇴직하고 나면 어떻게 살아야 하나, 뭘 해먹고 살아야 하나 싶은 생각에 '사표'라는 단어는 가슴 깊은 곳에 다시 꾹꾹 눌러 담을 수밖에 없었다. 아무것도 할 수 있는 게 없으니 다시 집-회사-집-회사만 오갔다. 정년퇴직까지 어떻게 버티나 싶어서 깊은 한숨을 쉬는 날이 늘어갔다.

삶의 전환점이 필요했다. 신혼 초 계획해 두었던 '오 년 후 이사' 계획이 문득 머릿속에 떠올랐다. 지방으로 출장을 가 있는 남편에게 "우리 이사하자!"라고 말했다. 그리곤 나 혼자 이사할 곳을 알아보기 시작했다. 직장 바로 옆이 아니라 출퇴근하기 편한 지역 중에서, 넓은 집보다는 삶의 질을 누릴 수 있는 지역을 선택하기로 했다.

남편이 출장을 가 있던 주말 오후, 난생처음 혼자 부동산을 찾았다. 처음 집을 보여준 곳은 바로 공원이 훤히 내려다 보였다. "와~! 너무 좋다." 탄성이 절로 나왔다. 그때부터 '내집 앓이'가 시작되었다. 집값은 우리가 그동안 모은 돈에 비해 턱없이 비쌌다. 구조가 다른 집 몇 채를 더 돌아보고, 맥없이 터벅터벅 걸어서 집으로 왔다. 꼭 이사하고 싶어졌다. 혹시 가격이 좀 내렸나 싶어 네이버 부동산 앱을 수시로 열어봤다, 찜해 둔 아파트 가격은 하루가 다르게 천만 원, 이천만 원씩 올라갔다. 처음 봤던 집은 매물 리스트에서 사라지고 없었다. 한숨이 절로 나왔다. 육 개월이 지나자 그때 보았던 집이랑 같은 구조의 평형대 집이 다시 나왔다. 그런데 가격은 오천만 원이나 올랐다. 더 이상 그대로 있을 수 없었다. 부동산에 다시 갔다. 지난여름에 보았던 집보다 층이 낮았고, 시야도 막혀 있었다. 가격은 오히려 비쌌다.

하지만 이것마저 놓칠 수 없었다. 가지고 있는 돈을 다시 계산해 봤다. 퇴직할 때 찾을 수 있는 공제회비를 담보로 대출이 가능했다. 2억 원 정도를 빌리면 이사를 할 수 있었다. 대출에 대해 안 좋은 시선을 가지고 계시던 부모님 영향으로, 집 담보 대출은 고려하지 못 했다. 공제회에 넣어 둔 우리 돈을 담보로 대출을 받고, 나머지는 퇴직할 때까지 십 년 정도 갚겠다는 계산이었다. 드디어 꿈에 그리던 집을 계약할 수 있었다. 이사 준비와 인테리어 비용을 알아보느라 정신없이 시간이 지나갔다. 살고 있던 집을 팔려고 부동산에 내놓았으나 이상하게도 집을 보러 오는 사람이 갑자기 뚝 끊겼다.

몇 달간 실거주 이사 생각을 하던 차에 우연히 서점에 들렀다. 인기도서 앞에 전시된 부동산 책들이 눈에 들어왔다. 접근하기 쉬워 보이는 부동산 책을 한 권 샀다. 책에는 '집을 보러 오는 사람이 없다면, 군이 살던 집을 싸게 파는 대신 내 집을 전세로 임대하는 방법'이 들어 있었다. 일시적 1가구 2주택 상황이라면 비과세 혜택을 받을 수 있다는 사실을 배웠다. 약 오천만 원 정도는 예금담보 대출을 받고, 우리 부부가 1년 정도 저축하면 상환할 수 있는 금액이었다. 실제 상황에 맞는 해결책을 책에서 발견하고 나니, 다른 재테크 책들도 궁금해지기 시작했다. 재테크 책을 한 권 더 읽어 보기 시작했다.

그 책들에서 공통으로 나오는 내용이 있었다. 성공한 사람들은 책을 많이 읽는 사람들이었고 책값과 강의비는 일종의 투자금이라는 말이었다. 더 많은 수익을 낼 수 있다면 강의료 43만 원 정도는 투자할 만하겠다고 생각했다. 처음으로 오프라인 재테크 강의를 신청했다.

재테크 강의 첫 번째 시간에 내 마음속으로 파고든 메시지는 바로 '소득 절벽'이었다. 퇴직하면 "뭘 해먹고 살지?"에 대한 두려움이 더 커져 버렸다. 빨리 퇴직하고 싶은 마음이 있던 터라 강의가 솔깃해졌다. 강사는 근로소득을 자본소득으로 바꿔나가면 누구나 부자가 될 수 있다고 알려 주었다. 책을 읽고, 경제 공부를 하면서 차근차근 실력을 쌓은 후에 투자를 시작해도 된다는 말에 나도 책과 신문을 봐야겠다는 생각이 들었다.

처음엔 조급했다. 책을 한 권씩 읽으면서 조급한 마음을 다스렸다. 생각보다 강의장에는 젊은 사람들이 많아 놀라웠다. 나보다 어려 보이는 사람이 많았다. 그동안 돈에 관심은 있었지만 돈 공부를 제대로 해본 적은 없었다. 몇 달 동안 우리 집 가격이 상승하던 걸 체감한 터라 돈 공부에 저절로 관심이 생겼다.

하지만 이사를 한 터라 수중에 돈이 없었다. 일 년 동안 회사를 다니면서 다시 종잣돈을 모아야 했다. 책을 읽으면서 강의를 들었더니 퇴직을 위해 반드시 돈을 더 벌어야겠다며 자극이 되었다.

만약, 마흔이라는 나이에 들어서까지 돈 공부를 시작하지 않았다면, 지금까지 권태로운 직장생활에 머물렀을 것이다.

아홉 시까지 출근해서 저녁 여섯 시 퇴근하던 근무시간을 조절했다. 남들이 출근하기 전인 여덟 시까지 출근했고, 오후 다섯 시에 업무를 끝내고 과감하게 퇴근하기로 마음먹었다. "퇴직하고 나면 어떻게 살지?"라는 걱정 대신, "지금 가진 게 얼마이고, 십 년 후에 퇴직하려면 돈이 ○○만큼 필요하다!"라는 구체적인 목표를 세우자, 다른 사람 눈치를 볼 시간조차 아까웠다. 출근하면 직장인 상태, 퇴근하면 투자자 모드로 스위치를 켰다.

## 조기은퇴시스템에
## 동기 부여를 하는 도서관 : 독서관리

중학교에 들어가기 전 6학년 겨울방학에 처음 학원에서 영어를 배웠다. 영어수업 시간에 "What's your hobby?"라는 문장이 나왔는데, 그럴 때마다 "My hobby is reading."이라고 말했다.

사실은 독서가 진짜 취미였던 게 아니다. 취미가 없어서 '독서'라도 말해야 했다. 초등학교에 다닐 때는 위인전 몇 권과 셜록 홈즈 추리소설 몇 권 읽은 게 전부다. 중학교 친구들은 등교할 때 학교 앞 책 대여점에 들러 로맨스 소설과 만화책을 잔뜩 빌려 읽고 하굣길에 다시 반납하는 루틴을 갖고 있었다. 나는 로맨스 소설도, 만화책도 관심이 없을 정도로 책을 안 읽었다.

하지만 나이 마흔에, 십 년 후 퇴직이라는 목표를 정하고 책을 읽기로 마음먹었다. 독서 7년 차가 된 지금의 내게 취미가 무엇인지 다시 묻는다면, 단연코 "독서입니다!"라고 말할 수 있다. 이번엔 독서가 진짜 취미다. 주로 분야는 자기계발서와 경제경영서 위주다. 네이버 어학사전에 따르면 취미란 '전문적으로 하는 것이 아니라 즐기기 위하여 하는 일'로 정의되어 있다. 즐기는 독서를 지금 하는 중이다.

대학원에 다니며 박사학위를 취득한 후, 나이 서른에 첫 직장을 구했다. 직장인이 되니 대학원 생활에 비해 여유시간이 많아졌다. 나중에 골프가 필요하지 않을까 싶어 집 앞에 있는 골프 연습장을 다니기도 했다. 퇴근하고 매일 연습장에 갔지만 운동신경이 별로다 보니, 손가락만 퉁퉁 부었다.

회사에서 운영하던 나인 홀 골프장이 있다. 직장 내 골프 동호회가 있어서 주말에 골프를 치러 몇 번 따라갔다. 연습장에서 매일 연습했지만 실력은 늘 130타 이상이었다. 점수를 매기는 의미조차 없다. 골프를 치는 게 아니라 그냥 공을 굴리며 다녔다.

미국 출장을 갔다가 주말에 시간이 나자 선배가 골프를 치러 가자고 했다. 처음 정식 골프장에 가 골프를 친다고 생각하니 기분이 들떴다. 선배의 골프 실력은 평균 90타 이내다. 치다가 잘못하면 알려주지 않을까 하는 기대감을 가지고 따라갔다.

선배가 먼저 골프채를 휘둘렀다. 헛치고 말았다. 내 공은 운 좋게(?) 선배 공보다 멀리 날아가 130야드, 선배보다 30야드(약 27미터)를 더 넘겼다. 나는 골프공을 굴리고 다닐 정도의 실력인데, 어쩌다 잘 맞은 거였다. '와~ 멀리 갔다!' 속으로 외쳤다. 해외 골프장에서 프로골퍼 같은 기분을 만끽했다. 그런데 선배 얼굴빛이 심상치 않다. 내 공이 선배 공보다 더 멀리 갔다는 사실이 기분 나쁜 듯 보였다. 함께 즐기는 게임이 아니었다. 골프는 경쟁심을 유발하고 기분을 상하게 만드는 종목이었다. 그날 이후, 골프를 치고 싶은 마음이 사라졌다.

앞으로 사람들과 만나는 동안 나 자신을 좀 더 품위 있는 사람으로 보여지기 위해서는 와인에 대해 좀 알아야 하지 않을까 하는 생각이 들었다. 집 근처 홈플러스 문화센터에서 개설한 와인 수업을 수강했다. 강사는 수업 시간에 두 병의 와인을 가져와 와인의 종류, 역사 등에 관해 이야기해 준 뒤 시음을 할 수 있게 해주었다. 성당 성찬식에 나오는 포도주 정도로 약한 술인 줄 알았는데, 와인 라벨을 보니 알코올 도수가 15%가 넘는다. 잔 바닥만 찰랑거릴 정도의 양이지만 홀짝홀짝 마시다 보니 취기가 돌았다. 어질어질해서 집까지 걸어가야만 할 것 같았다. 다음 시간부터는 지하 마트를 두 바퀴나 돌다가, 술기운이 깨면 집으로 왔다. 와인은 독했다. 취미가 되지 못 했다.

이후에도 뭔가를 계속 배우러 다녔다. 귀걸이, 목걸이, 브로치 같은 액세서리 만드는 비즈공예를 배웠고, 도화지에 쓰는 POP 강좌에도 직장동료와 함께 다녔고, 파우치, 앞치마 등을 만드는 재봉틀 회사 소잉팩토리에도 여직원들과 함께 배우러 다녔다. 처음엔 재밌었다. 하지만 집에 와서는 하지 않으니 어느 순간 멈췄다.

나이 마흔, 재테크 책을 한 권 읽었다. 다른 책이 궁금해서 한 권 더 읽었다. 신기하게도 '책을 많이 읽어야 한다'라는 저자의 말이 공통적인 메시지였다.

성공한 부자들은 대부분 책을 좋아 했다. 부자가 되려면 책을 읽어야 한다니, 조기퇴직을 앞둔 내게도 필요하다고 판단했다. 그렇게 『독서천재가 된 홍대리』를 시작으로 한 권, 두 권, 33권, 100권을 목표로 책을 읽었다. 주말이면 늦잠 자고, 온종일 침대에 쓰러져 있던 내가, 새벽 5시에 일어나 『미라클 모닝』을 읽고, 하나씩 따라 해보는 게 즐거웠다. 조금씩 나를 관찰하고 내가 무엇을 좋아하는지 알아가기 시작했다. 똑똑하고 열정적인 주변 사람들을 볼 때면 잠시 부럽긴 했지만 나 홀로 책을 읽고 생각하는 시간을 가지니 무덤덤해졌다. 책을 쓴 저자들과 대화를 하는 느낌을 받았다. 마음이 여유로워졌다. 포기만 하지 않는다면, 나도 목표를 이룰 수 있겠다는 확신과 믿음이 생기기 시작했다. 자기계발을 통해 독서의 중요성, 아주 작은 성공의 기쁨, 감사하는 마음, 조급해 하지 않는 믿음, 상대방을 배려하는 마음, 뚜렷한 나의 목표를 차츰 알아갔다. 앞서간 사람들은 어떻게 성과를 내었는지 그 과정이 궁금했다. 배울 점이 있으면, 내 기준에 맞게 아주 작은 것이라도 덧붙였다.

회사에서는 앞장서서 무언가를 해내고 싶은 마음이 조금씩 수그러들었다. 한때는 보고서에 이름이 빠져 기분이 나빴던 적이 있었지만 십 년 후 퇴직이라는 목표를 마음에 품었더니, 굳이 어디에 포함되지 않아도 기분 나쁠 게 없었다. 그냥 조용히 뒤에서 조력자가 되어 주었다. 내 길이 따로 있다고 생각하니 오히려 마음이 한결 평안해졌다. 어차피 내려놓을 일이라 생각하자 다른 동료를 챙겨줄 수 있었다.

그러자 동료들의 태도가 오히려 달라졌다. 나를 더 챙겨 주는 게 아닌가. 조금씩 변해가는 모습을 보니 뿌듯하고, 자존감도 높아졌다. 무엇보다 아주 조금씩 성장하고 쌓여가는 내 모습에 자부심이 생겼다.

경제경영서를 읽으면서 재테크에 관심을 가졌다. 배운 대로 실행하고 시간이 지나면서 자산 그래프가 조금씩 우상향하는 게 보였다. 신이 나서 더 몰입했다. 1년 후, 2년 후의 목표 대신 중장기 계획을 세우자 조급함이 줄었다. 일 년에 하나씩 독서, 뉴스, 부동산, 주식 공부를 계획하고 집중했다. 일 년에 하니씩 자기계발 목표를 정했다. 적어도 일 년은 유지해 보기로 했다. 1년, 2년, 3년 그리고 5년 정도가 지나자 10년 후 목표가 조금씩 눈앞으로 다가왔다. 퇴직을 하면 어떻게 살지 걱정만 하고 있던 불안감이 조금씩 사라졌다. 책을 한 권 읽었을 뿐인데, 내 삶은 완전히 새로워지는 중이었다.

직장생활에만 목을 매고 있었을 때는 집에만 오면 번아웃이었다. 자기계발에 조금씩 관심을 두었더니 잠자는 시간, 쉬는 시간이 줄었음에도 오히려 쌩쌩해 졌다. 지금은 가만히 멍 때리는 시간이 아깝다고 생각하는 프로 자기계발러다.

퇴직을 하고 나면 어떻게 살까를 고민하기보다 독서모임, 블로그, 인스타그램, 스레드, 브런치, 유튜브 같은 새로운 SNS 활동을 하나라도 시작해 보는 게 어떨까. 책을 읽는다면, 저자소개란 아래 SNS 주소를 눈여겨 보고 찾아보길 바란다. 처음부터 딱 좋아하는 것을 찾아내는 건 쉽지 않은 일이다. 직접 해보기 전에는 모른다. 찾아가는 과정부터 즐겁게 시작하면 좋다.

조기퇴직을 하는 사람은 두 종류가 있다. 회사가 너무 싫어서 퇴직하는 사람과 다니고 있는 회사보다 더 좋은 일을 찾아서 퇴직하는 사람이다. 만약 당신이 조기퇴직을 한다면, 후자였으면 좋겠다. 자기계발에 관심이 높다면 후자가 될 가능성이 높은 사람이다.

# 끌어당김의 법칙, 천 명의 찐 팬 :
## 소통관리

인터넷 연결이 안 된다. 개인 컴퓨터에는 인터넷이 연결되어 있지 않았다. 대학원에서 5년 이상 MSN 메신저를 사용했고, 교수님, 학교 선후배와 모두 메신저로 연결된 상태였는데, 인터넷 연결이 막히자 모든 관계가 끊어졌다. 보안 때문이다. 인터넷에 개인정보가 노출되는 활동은 금지하라는 지침이 있었다.

입사 초만 하더라도 집에 오면 MSN 메신저부터 켰지만 시간이 지날수록 집에 와서도 컴퓨터를 켜지 않았다. 친구들, 선후배도 취업을 하고, 결혼을 하고, 아이가 생기면서 다들 바빠졌다. 매일 수다를 떨던 친구들이 사라지고, 직장동료만 남았다. 16년 동안 한 직장에서만 근무했더니 회사 관련 인맥 말고는 연락이 거의 닿지 않았다.

퇴직하면 누구를 만날 수 있을까?

2016년 12월, 처음 닉네임을 만들고 네이버 카페에 가입했다. 읽기만 하다가 재테크 수업을 들었다. 과제가 있다. 업무 관련 정보가 아니라고 판단해서 수업 후기를 처음 남겼다.

2018년 2월, 팀 페리스의 『타이탄의 도구들』을 읽었다. 1,000명의 팬이 있으면 무엇이든 할 수 있다고 했다. 찐팬을 만들어야겠다고 생각했다.

네이버 카페 활동에 재미를 붙이면서 1년 이상 적극적으로 참여했다. 카페에 공식적으로 글을 남길 수 있는 서포터즈로 선정되었다. 글을 올리자 조회수가 천 명이 넘어갔다. 가끔 만 명을 넘어가는 글도 있었다. 내가 쓴 글을 이렇게 많이 본다는 사실에 뿌듯했다. 잘 써야겠다는 생각이 들었다. 마침 내 마음을 알아챘는지 출판사 대표의 일회성 글쓰기 특강이 있었다. 신청했다. '팔리는 글쓰기'라는 주제였다. 블로그에 100개 정도 포스팅을 해보라고 이야기했다. 카페에 올리던 글을 블로그에도 올려보기로 했다.

당시 내 스마트폰에는 블로그 앱이 없었다. 2018년 처음 블로그 어플을 설치했다. 책을 쓴 저자, 강사의 블로그를 하나씩 찾아보며 '이웃 추가'를 했다. 유명 블로그에서 '좋아요'와 '댓글'을 남긴 사람을 눌러봤다. 네이버 카페에서 보던 닉네임도 발견했다. 혼자 반가웠다. 닉네임을 클릭해서 그의 블로그로 이동했다. 꾸준히 남긴 글이 있다. 이웃으로 추가했다. 그러자 그 사람도 나를 이웃으로 추가했다. 진짜 이웃이 된 듯한 기분이 들었다. 직접 생산한 글이 다양한 사람들에게 널리 알려지면 좋겠다는 생각이 들었다. 2021년 인스타그램을 시작했다. 블로그와는 또 달랐다. 인스타그램 친구와 더 가까워진 느낌이 들었다. 또한 유명인들과도 연락할 수 있는 매개체였다. 2023년에는 스레드라는 플랫폼에도 가입하여 기성 작가들과 스레드 친구가 되었고, 브런치 스토리 작가로 활동 중이다.

카페 활동을 처음 시작했다. 처음엔 소외된 느낌이다. 글을 몇 개 읽어 보니 댓글 창에서 서로 대화를 주고받는 사람들이 있다. 카페 운영진이 되기 위해서는 댓글을 많이 달아야 한다는 이야기가 들렸다. 처음 가입을 하면 그 분야에 대해서 아는 게 없다. 대신 누가 남겨 준 정보성 글에 댓글을 남기는 건 할 수 있는 일이다. 공감과 댓글은 글을 쓴 사람에게 동기부여를 해 주는 원동력이 된다.

타인이 쓴 글에 댓글을 단다. 정보성 글뿐만 아니라 카페 회원의 목표/실적이나 감사일기를 읽고도 댓글을 남긴다. 어떻게 시간관리를 하는지 보면서 나의 계획도 개선할 수 있고, 감사일기를 보면서 존재 자체에 감사함을 느낀다.

매일 같은 시간대에 댓글을 쓰는 행위를 반복하다 보니 어제 보던 사람이 또 글을 남긴다. 그 다음 날도 같은 회원을 찾는다. 매일 댓글로 소통하자 그 사람에게 친밀감이 느껴진다. 오프라인 행사에서 회원을 만났다. 낯설지 않다. 오랫동안 만나온 사람처럼 느껴진다. 어색하지 않은 대화가 오간다.

블로그 100개 포스팅을 목표로 시작했다. 6년 차다. 공개한 글은 4,300개가 훌쩍 넘는다. 시작할 때는 이웃이 없다. 블로그를 시작한 지 2년 뒤에야 제대로 블로그 하는 방법을 배우기도 했다. 블로그 홈페이지 '주제별 분야'에서 나와 비슷한 주제를 다루는 사람들을 만날 수 있다. 마음에 들고, 계속 구독해서 읽고 싶다면 '서로 이웃' 추가를 통해서 이웃 수를 한 명씩 늘릴 수 있다. 또 다른 방법은 유명인의 블로그에 가서 '좋아요'를 누른 사람을 한 명씩 눌러 본다.

관심 주제로 블로그를 운영하고 있으면 이웃 추가를 한다. 한 명, 두 명… 이웃을 추가하며 소통하는 이웃으로 발전시켜 나가면 된다. 다만 이웃 추가 이후에도 꾸준히 댓글과 감으로 존재감을 드러내야 한다. 자신 또한 글을 꾸준히 발행할 때 서로 이웃이 진짜 팬으로 이어진다. 한 사람만 계속 주는 관계는 오래 가기 어렵기 때문이다.

김종원 작가의 책 서평을 남겼더니, 블로스를 찾아와 공감을 눌러주었다. 유명 저자의 공감을 받아 보니, 작가가 되면 나도 독자의 후기에 '좋아요'를 눌러주러 가야겠다는 생각이 들었다.

인스타그램은 DM<sup>Direct Message</sup>이라는 기능이 있고, 상대를 호출하는 기능이 있다. 발행하는 피드나 스토리에 상대방의 아이디를 '@'와 함께 적으면, 예를 들어 @wybook 형태, 상대에게 알람이 간다. 유명한 사람들이나 팔로우가 많은 경우에는 너무 많은 알람이 뜨기 때문에 원천적으로 차단해 놓기도 하고, 알람이 떠도 보지 않는 경우가 많다.

하지만 새로 시작하는 인스타그래머끼리 '좋아요', '댓글'로 소통하면 금방 가까워지게 된다. 블로그 이웃이 많다고 인스타그램 팔로우가 많은 것도 아니고, 인스타그램 팔로우가 많다고 블로그 이웃이 많은 것도 아니다. 인스타그램은 인공지능을 통해 서로 알 것 같은 사람을 자동으로 추천해 준다. 팔로우 한 명만 추가해도 비슷한 주제를 다루는 지인을 소개해 준다. 그래서 인스타그램에서는 한 가지 주제로만 정해서 피드를 올려야 한다. 맛집 사진, 카페 사진, 배경 사진, 고양이 사진, 책 사진 등을 다양하게 올리면 인스타그램은 그냥 만물상이 된다. 제대로 작동하지 않는다. 즉, 내가 올린 사진이 팔로워들에게 전달되지 않고 묻히는 경향이 많다. 인스타그램은 단 하나의 주제로 채우고, 다른 주제는 별도의 계정을 하나 더 만들어 관리하는 걸 권하고 싶다.

인스타그램을 잘 몰라도 괜찮다. 인스타그램을 시작한 뒤에 제일 괜찮아 보이는 사람을 한두 명 롤 모델로 정한다. 롤 모델과 비슷하게 형태로 사진을 찍거나 디자인을 참고하여 나만의 방식을 만들면 된다. 정해진 시간에 꾸준히 올리면 좋다. 인스타그램 카드뉴스는 미리캔버스, 캔바Canva 등을 통해 제작하면 쉽게 따라 할 수 있다. 동영상 형태의 릴스는 '캡컷capcut', '블로vllo', '키네마스터kinemaster'를 익히면 쉽게 편집할 수 있다. 자세한 방법은 인터넷, 유튜브 검색만으로도 쉽게 배울 수 있다.

몇 년 전만 하더라도, 직장 밖에서는 존재감 없는 평범한 직장인에 불과하던 내게도 팬이 생겼다. 카페, 블로그, 인스타그램을 통해서 연결된 1,000명이다.

2018년 『타이탄의 도구들』을 읽었을 때, 솔직히 '내가 가능할까?' 하는 의심이 있었다. 그런데, 된다. 프로세스 이코노미 시대다. "지금부터 내가 OO를 배워 보겠습니다." 하고 선언하고, 그 과정을 블로그든 인스타그램, 스레드 또는 카페에 올리면 끝이다. 그 과정을 지켜보는 누군가 성공하면 응원해 주고, 실패해도 격려해 주는 팬이 되는 것이다. 나부터다. 용기라는 두 글자면 충분하다. 한두 명만 있으면 충분하다.

'북위키'라는 오픈 채팅방을 만들었다. 책을 추천하거나 신간 도서를 공유하고, 교보문고, 예스24 주간 베스트셀러를 주기적으로 나눈다. 리더reader가 작성한 독서 후기나 긍정 메시지도 리더들이 셀프 공유한다.

블로그에서 만난 이웃들에게 댓글을 남겼다. "함께 할래요?" 흔쾌히 수락해 준 동료가 생겼다. 독서와 글쓰기 관련 무료 특강을 하면서 북위키 입장 링크를 소개한다. 책과 글쓰기에 관심 있는 사람들이 모인다. 채팅방 인원을 무리하면서 빠르게 늘리지 않았다. 우선은 300명을 목표로 하고 있다. 찐팬은 소통에서 시작하기 때문이다. 진심으로, 정성을 담아 반응을 먼저 보이면, 끌려가거나 끌려온다. 끌어당김에는 경쟁이 없다. 인플루언서를 쫓는 대신 이웃이 인플루언서가 되는 과정을 응원하고 격려하며 성장하는 관계를 목표로 삼는다. 활력 있는 삶을 살기 위해 나를 움직이는 찐팬이 필요한 이유다.

# 시간의 노예에서 탈출하는 평생 습관 :
## 목표관리

직장은 끊임없는 선택과 고민의 연속이다. 퇴사하면 어떻게 살아야 하는지 고민하기도 한다. 어느 날 아침, 회사에 8시에 출근했다. 이미 팀장이 사무실에 앉아 있었다. 팀장은 지인이 운영하는 카페에서 호두 파이를 샀다며 티타임을 같이 가졌다. 테이블에 마주앉아 드립 커피 한잔을 내렸다. 호두 파이를 자르며, 팀장이 아내 얘기를 꺼냈다. 얼마 전까지 맞벌이부부로 지냈는데, 퇴직했다고 한다.

아내는 퇴사하자마자 모임을 세 개 만들어 바쁘게 산다고 했다. 아이들 뒷바라지하면서 맞벌이를 하느라 이제야 친구를 만나고 사교활동을 시작했다고.

백수가 된 아내는 본인보다 더 바쁘게 지낸다며 백수가 과로사한다는 말이 이해가 간다고 했다. 맞벌이부부라서가 아니라 생각

없이 살면 하루가 무색하게 금방 간다. 퇴근하면 잠자리에 들 시간이고, 자고 나면 다시 출근해야 한다. 주말도 휘리릭 간다. 월요병이 생긴다. 직장 안 가고 집에만 있으면 좋겠다고 생각하며 살았다. 일 안 하면 문화센터에서 요리도 배우고, 수영장에도 다니고, 책도 실컷 읽고 싶다. 맛집과 예쁜 카페도 찾아다니고, 산책하고, 여행 다니는 모습도 상상한다. 팀장 아내는 지금 그렇게 살고 있었다.

지금 당장 해야 할 직장 일과 가사 노동만 하며 살아본 내 과거를 되돌아 보았다. 삶은 무료했다. 몸과 마음도 지치는 경우가 생겼다. 번아웃이 몇 번씩 온다. 그럴 때마다 온종일 침대에 누워 잠을 자거나 멍하니 누워 있었다. 당장 과로사할 것만 같았다. 주말에도 집 밖에 나가기 싫었다. 침대 위에서만 이리저리 굴러다녔다. 소파에 푹 파묻혀 지냈다. 며칠간 가만히 있고 싶었다. 팀 페리스의 『나는 네 시간만 일한다』를 읽고 나서는 '미니은퇴'를 하는 것이 괜찮겠다는 생각이 들었다. 몇 달 일하고 몇 달 쉬고, 일주일에 삼사 일만 일하고 나머지는 쉰다. 퇴사한 팀장 아내처럼 퇴직하고 나면 어떤 사람을 만나고, 하고 싶은 게 뭘까 찾아보기로 했다.

이것저것 해야 할 일이 너무 많으면 몸이 고장난다. 그 상황이 닥쳤을 때 필요한 것이 우선순위다. 직장생활만으로도 벅차서 번아웃 되던 나였다. 우선순위를 일주일에 네 시간만 일하자는 목표를 세웠다. 그러자 삶이 조금씩 정리됐다. 하고 싶은 게 많아서 문제긴 했지만 말이다. 해야 할 일을 다 적어 본다. 지금 당장 불필요한 일들을 하나씩 지운다. 은퇴에 필요한 지금 당장 해야 하는 일들의 우선순위를 높인다. 집밥을 해서 먹어야 한다는 생각과 청소에 대한 부담감을 내려두기로 했다. 어차피 돌아서면 또 반복되는 일이니까. 아이가 없는 맞벌이부부여서 집에서 요리해서 먹는 비용과 퇴근길 식당에서 간단하게 한끼를 해결하고 오는 비용이 비슷하다. 시간과 정성이 들어간 건강한 집밥 대신 돈이 들어가도 시간을 줄이자 마음을 먹었다. 집에 와도 마음에 여유가 생겼다. 불필요한 가사활동에 대한 에너지를 줄였다. 미래를 위한 시간에 더 집중할 수 있었다. 다행히 남편 생각도 일치했다.

의무적으로 나가던 모임, 남들이 가니까 나도 가 봐야지 해서 갔다가 대기하느라 시간 낭비를 하던 맛집도 더 이상 방문하지 않았다. 은퇴를 좀 더 앞당길 수 있다. 여유가 생기면 우선순위 높은 일, 독서하는 시간과 제2의 인생을 준비하는 시간으로 대체했다. 직장에만 올인 했을 때 피곤함으로 꽉 차 있던 삶이 자기계발과 재테크 공부를 병행하자 오히려 에너지가 넘쳐나는 삶으로 바뀌기 시작했다. 조금씩 변화하는 모습이 신기했고, 활기가 넘쳤고, 자존감도 높아졌다.

시간은 귀한 자원 중 하나이다. 과거에는 시간이 없다고 바쁘다는 변명으로 여러 가치로부터 멀어져 살았다. 그러나 가계부로 지출을 관리하는 것처럼 시간도 효율적으로 관리하는 방법을 배웠다. "변명 중에서도 가장 어리석고 못난 변명은 '시간이 없어서'라는 변명이다." 라고 에디슨이 말했다. 하고 싶은 게 많아도 하루에 할 수 있는 일, 일주일에 끝낼 수 있는 일, 한 달이 필요한 일, 적어도 일 년이 소요되는 것들이 있다. 하고 싶은 일과 해야 할 일 사이에서도 조정이 필요하다. 중요한 일을 하면서도 행복하게 살 수 있으며, 모든 것이 중요하다고 생각되더라도 우선순위를 정하는 것이다.

오늘 하루의 시간을 기록하고, 불필요한 시간을 줄이는 것은 은퇴를 준비하는 첫 단계다. 해야 할 일을 하고 싶은 일로 바꾸는 과정은 쉽지 않지만 가치 있는 삶을 위해 노력하고 계획을 세우는 것부터 하는 것이다. 일 년 이상 필요한 일이지만 시작과 집중을 통해 달성할 수 있는 목표를 만들 수 있다.


원하는 삶을 살고 싶다는 욕망도 점점 커졌다. 새로운 삶을 준비하기 위해 뭘 해야 할지 고민하던 중 자기계발과 더 나은 삶을 꿈꾸는 시간을 중요시 하게 되었다. 우선순위를 정하고, 집중할 일에 매진하는 것이 필요했다. 팀 페리스의 『나는 네 시간만 일한다』라는 제목에 이끌려 책을 골랐다. '네 시간만 일한다고?' 직장인에게는 꿈같은 일이다. 직장인에게 달콤한 건 디저트가 아니라 휴가다.

반면에 매일 집에만 있는 사람은 '일터'로 나가고 싶은 충동이 생길지도 모른다. 집에만 하루 종일 있는 건 몇 달 지나지 않아 공허함을 느낄 수 있다는 말이기도 하다. 1장에서 언급했던 보도 섀퍼와 앙드레 코스톨라니 사례처럼 진정한 행복을 찾는 목표관리가 필요하다.

무작정 퇴사하는 게 정답이 아니다. 파이어족은 지금의 선택이 내일의 삶을 결정한다는 사실을 잘 알고 있다. 은퇴 준비도 명확한 목표와 계획으로 시작하여 삶의 질을 높이는 준비가 필요하다. 시간을 기록하고 계획에 따라 중요한 일을 먼저 추진한다. 시간의 노예로부터 탈출하여 뜻 깊게 행복한 인생을 살아가는 길이다. 은퇴의 시작은 더 나은 미래를 위한 노력과 현명한 선택에 의한 빛나는 새로운 삶의 시작이다. 진정한 삶의 목표를 향해 첫 단추를 끼워 볼 시간이다.

## 뉴스는 너로부터 : 정보관리

남편에게 조기은퇴를 결정할 때 가장 큰 고민이 무었이었는지 물었더니 "돈이지." 라는 대답이 돌아왔다. 맞다. 퇴직 후 먹고 살려면 '돈'이 꼭 필요하다. 조기은퇴를 위해서 경제 공부를 반드시 시작해야 한다. 처음이라면 경제신문과 경제경영서를 읽는 것에서 시작하면 된다.

자, 이제부터 경제 지식을 쌓는 것이다. 시작은 어렵고, 낯설다. 이해가 안 되는 경우가 대부분이다. 처음이니까 당연한 일이다. 모르는 용어는 하나씩 찾아보고 익혀 보자. 경제 뉴스를 접할 때는 객관적인 시선으로 정보를 파악하는 게 필요하다. 경제는 사회의 다양한 측면에 영향을 미치는 복잡성을 다루는 주제다. 다음 세 가지 방법으로 하나씩 실용적인 지식과 지혜를 축적한다.

**첫째, 다양한 소스의 종이 신문을 읽는다.**

1면에 다루는 내용과 섹션 별로 다양한 뉴스 소스를 함께 볼 수 있다. 기사 분량을 비교하면서 얼마나 깊이 다루는지 비교할 수 있다. 광고가 함께 게재된 기사를 분별하는 데도 유리하다. 종이 신문을 일 년 정도 읽으면, 반복적으로 보도하는 기사도 알 수 있다. 신문 읽을 때는 자신만의 생각도 블로그에 남겨 두면 좋다. 원문 출처도 함께 남겨 본다.

블로그 글은 일 년 후부터 제대로 효과를 발휘한다. 일 년 전, 즉 과거 기사를 되새김할 수 있어서다. 과거와 오늘을 비교하면, 어떤 전문가의 말을 믿어야 할지 판단할 수 있다. 편향된 정보도 거를 수 있고, 사실과 데이터를 근거로 한 기사와 기자가 누군지도 판단할 수 있다. 특정 이해관계자의 영향도 제외할 수 있고, 공정한 정보를 획득하는 비결이며, 주변 누군가의 한마디에 쉽게 흔들리지 않는다. 하나씩 쌓이면, 그게 바로 통찰력이 되고, 실력이다.

**둘째, 통계와 데이터 출처와 정확성을 파악한다.**

롤프 도벨리의 『뉴스 다이어트』에 따르면 우리 몸에 들어온 설탕처럼, 뉴스는 우리의 마음과 정신에 악영향을 미친다고 했다. 매체가 던져 주는 뉴스는 우리에게 한 입 거리의 사소하고 얄팍한 이야기에 불과하다고 한다. 매체의 주목도와 뉴스의 중대성은 상관관계가 없다고 전했다. 개인적인 중요도에 따라 나만의 매일 뉴스를 편성해야 하는 이유다.

이 책을 읽은 후부터, 경제신문 읽기를 조금씩 줄였다. 대신, 신문기사의 데이터 출처를 확인하기 시작했다. 주로 '○○○에 따르면'이라는 문구를 유독 챙긴다. 뉴스 또는 책을 볼 때 출처를 하나씩 모아 나갔다. '○○○'에 전체 자료가 있다. 기사를 쓴 기자 이름 앞에 인턴 기자라는 호칭을 본 적 있는가? 원문을 기자가 초록하여 쓰기에 일부분만 기사화 된다.

기자의 관심 분야는 나와 다를 수 있다. 출처를 파악하여 직접 원문을 확인하는 습관을 갖게 된 또 다른 이유 중 하나다. 유튜브, 오픈 채팅방, 신문, 방송 등을 보면 공짜로 정보를 나눠 주는 곳이 많다. 하지만, 제공되는 자료는 제공자의 의도에 따라 이미 한 번 걸러지는 경우다. 자산을 지키기 위해서는 스스로 경제의 흐름을 느껴야 한다. 그래프와 차트를 통해 시각적으로 표현된 정보도 다각도에서 분석해 보고 비교하여 다양한 시각으로 분석해야 한다.


**셋째, 정부와 기업, 시장 상황을 이해한다.**

정부와 기업은 경제 정책과 미래 전망에 영향을 미치는 주요한 주체다. 내가 보유한 자산 항목에는 부동산, 주식, 현금이 대부분이다. 자산, 즉 돈의 흐름을 파악하고 있어야 한다. 왜냐하면, 은퇴 후 자산이 경제 흐름에 따라 변할 수 있기 때문이다. 공공 데이터를 활용한 통계적인 자료를 기관에서 정기적으로 경제에 관한 보도자료를 배포한다. 기획재정부, 한국은행, 한국거래소 홈페이지를 매일, 매월, 분기, 매년 주기적으로 방문하여 확인하는 것으로도 정부와 기업에 대한 기본적인 상황을 파악할 수 있다고 본다.

기획재정부https://www.moef.go.kr에서는 상반기, 하반기 경제정책 방향을 발표하고 그에 따라 우리나라 경제가 움직인다. 일 년에 2회 정도 기획재정부 홈페이지를 방문하면, 보도자료를 통해 경제 방향을 거시적으로 파악할 수 있다. 평일 저녁 6시쯤에 일일경제지표가 홈페이지에 업로드 된다. 금리, 주가, 환율, 국제금리, 주가, 유가, 곡물, 원자재, 반도체 동향까지 한 번에 볼 수 있다. 일 년 정도 일일경제지표를 확인해 보니, 금리와 주가, 환율, 국제금융이 어떻게 흘러가는지 체감할 수 있었다.

금리와 통화량은 한국은행https://www.bok.or.kr에서 다룬다. 한국은행은 1950년 창립 이래 통화금융, 국민소득, 국제수지 등 우리나라의 주요 경제통계를 작성하는 기관이다. 각종 경제지표에 대한 국민들의 이해를 돕기 위하여 『알기 쉬운 경제지표 해설』이라는 책자를 발간하여 배포하고 있다. 한국은행 홈페이지 조사·연구〉간행물〉단행본〉경제교육 관련 발간자료 중 『경제 금융용어 700선』을 내려 받아 모르는 경제용어를 찾아보자. 한국은행 금융, 경제 스냅샷 홈페이지에서는 국내 금융시장, 외환시장, 실물경제, 지역경제, 세계경제 100대 지표 등도 시각적으로 확인할 수 있다. 한 달에 한 번, 분기에 한 번 방문하여 경제 상황을 파악하는 중이다.

조기은퇴를 위한 경제적 상황을 충분히 대비했다고 하더라도 시장경제 상황은 누구도 예측하기 어렵다. 코로나-19 팬데믹 이후 2022년에는 40년 만의 인플레이션이 닥쳤다. 경제 지식이 없는 상태에서 뉴스를 보면, 공포감에 휩쓸리기 쉽다. 비슷한 주제를 다룬 기사들을 비교 분석하여 정보의 일관성과 신뢰성을 검토하면서 전문가의 의견도 재확인이 필요하다. 전문가 또한 기업을 대표하는 사람일 수도 있고, 개인 의견과 다르게 의사표시를 하는 경우도 상당하다.

시간이 지남에 따라 뉴스도 변할 수 있다. 특정 이벤트의 영향을 단기간에 받기도 한다. 오래된 기사와 최신 기사를 비교하면서 최신 정보의 정확성을 판단하는 능력을 확보해야 한다. 경제는 항상 변화하고 진화하기에 과거에 맞던 정보라고 하더라도, 지금은 다른 결과를 도출하기도 한다. 경제지표를 꾸준히 지켜보면서 자신만의 기준점을 만들어 간다면 주변 잡음에도 불안과 공포감 대신 자기 신뢰를 지혜롭게 쌓을 수 있다.

뉴스는 자신으로부터다. 다시 한 번 요약하자면, 출처를 확인하고 비판적 사고와 객관성 유지, 전문가 의견 재확인, 시간적 변화 고려, 자신만의 기준점 정하기, 장기적인 관점으로 자기 신뢰를 쌓아가는 태도를 길러야 한다.

# 일주일은 목요일부터, 여기 어때? :
## 부동산관리

십 년 후 퇴사 목표를 세웠다면, 가장 먼저 현재 보유한 자산 파악이 우선이다. 근로소득을 자본소득으로 바꾸기 위함이다. 투자가 필요하다는 말이다.

공부한 적이 없다면 당연히 아는 게 없다. 결혼하면서 운 좋게도 내 집 마련을 했다. 직장 근처로 이사하기 위한 중기계획을 짠 것도 신의 한 수였다. 이사를 위해 부동산 공부를 한번 해보고 싶었다. 책을 읽고, 부동산 강의에 참석했다. 부동산 투자에 관한 공부라고 생각하고 시작했는데, 신기하게도 마인드 셋 강의부터 시작되었다. 일찍 일어나고, 게임도 하지 말고, 친구도 만나지 말고, 책 읽고 공부하라는 내용이다. 중요한 것 딱 한 가지만 해야 한다고.

게리 켈러, 제이 파파산의 『원씽』이란 책을 소개받아 읽었다.

독서부터 하고 투자해도 늦지 않다는 이야기가 귀에 들어왔다.
본격적인 독서를 시작했다.

　퇴근을 하고 집에 오면 잠깐 쉬는 것 같은 데 금방 아침이다. 재
테크 강의에서 NHK 스페셜 제작팀의 『노후파산』을 시청했다.
소득 절벽, 노후 파산이라는 단어가 나를 10분씩 앞당겨 잠자리
에서 몸을 일으키도록 만들었다. TV를 보는 시간, 잠자는 시간을
줄였다. 30분 단위로 (25분 집중/5분 휴식) 시간을 쪼개며 자투리 시
간을 모아 책을 읽었다. 다음 단계 강의도 들었다. 투자 공부에 본
격적으로 발을 들여놓은 것이다. 그때부터, 자기계발과 투자 관
련 공부에 집중했다.

　남편과 밥을 먹을 때, 출퇴근할 때, 같이 있는 시간마다 부동산
투자 이야기만 꺼냈다. 강의에서 배운 내용, 경제신문을 보며 알
게 된 이야기, 오픈 채팅 카톡방에서 본 '카더라 뉴스'까지 네이
버 카페에 올라온 경험담들을 수시로 남편에게 공유했다. 남편이
어느 날 "또 그 얘기야? 나 안 듣고 싶은데!" 라고 하기도 했다.
'남들은 부부가 같이 투자하던데! 같이 투자해야 빨리 성과를 내
지. 핵심만 이야기해 주는 건데, 좀 들어 주기라도 하면 안 되나!'
속으로 생각했다.

　재테크 카페에서 부부가 함께 투자 공부를 하는 사람은 혼자
공부하는 사람들에겐 부러움의 대상이다. 부부가 함께하면 좋겠
다는 생각이 들 때도 있었다. 하지만 부부 중 한 사람만 투자에 관

심 있는 사람이 대부분이었다.

온라인 카페에서 만났지만 오프라인 강의를 들으면 장점이 있다. 바로 투자에 관심 있는 동네 주민을 만날 수 있다는 점이다. 아이가 없는 맞벌이부부라 동네 사람들을 따로 만날 기회가 드물다. 외부 사교활동을 많이 하지도 않는 성격이라 더욱 그랬다.

재테크 카페에서 수업을 들었더니 조 편성을 해 주었다. 첫 수업에서는 여러 지역에 있는 사람들이 섞여 있었다. 수업 후 조장이 더 이상 활동을 하지 않자, 강의가 끝나니 흐지부지 흩어졌다. 다른 강의를 더 들었다. 이번엔 같은 지역 중심으로 조가 편성되었다. 강동구와 송파구 사람들 위주로 모였다. '달'님이 조장이 되었고, 나는 수업 운영진으로 선발됐다. 조장 '달'님은 조원들에게 과제를 꼭 해야 한다고 의욕을 북돋아 주었다. 운영진이던 나는 옆에서 정보를 함께 공유했다. 과제 제출은 하나도 관심 없던 '따'님조차 '달'님의 동기부여로 손으로 작성한 과제를 제출했다.

정규강의를 끝마치고도 우리 조는 가끔 동네에서 모여 식사를 했다. 차 마시는 시간도 비정기적으로 가진다. 각자 자신의 투자 경험에 관해 이야기도 나눈다. 정년퇴임을 얼마 남겨 두지 않았던 '감'님은 투자에 재미를 붙였다. 다른 카페에서 하는 투자 수업도 듣는다고 했다. 대출도 일으켜 여기저기 투자 경험담을 공유했다. 투자가 너무 재밌다고 했다. 진작 알았으면 좋았을 걸 하며 지난 세월을 내심 아쉬워했다. 여의도 시범 재건축 아파트를 보유하고 있는데, 인천의 분양권, 덕양구 재개발 투자에 이어 전화로 지방 재개발 투자까지 했다는 이야기에 다들 "와!" 소리가 저절로 나왔다. 서로의 이야기에 빠져서 밤 열 시가 훌쩍 넘어도 시간 가는 줄 몰랐다. 모두 헤어지는 게 아쉬웠다. 살아 있는 투자 이야기를 들으면, 투자하고 싶은 마음이 솟는다. 집에 돌아와 샤워 후 책상에 앉는다. 모임에서 언급된 지역을 하나하나 네이버 부동산에서 확인하고 침대로 갔다.

"이번에 개포동 한 번 돌아볼까요?"

"그래요, 언제요? 시간 맞춰 볼게요."

"저도 좋아요."

우연한 기회에 '달따와' 모임이 만들어졌다. 우리끼리 하는 말로 '송파 끌어당김의 법칙'이다. '따'님과 함께 '달'님을 송파로 끌어당긴 것이다. 강동구에 전세로 거주하던 '달'님을 송파구로 이사하게 만드는 프로젝트였다. '달'님이 송파구 아파트를 여기저기 알아보러 다닐 때, 매물이 나왔다는 소식을 들었다. 마침 직장 근처에 있던 아파트였다. 점심시간을 활용해서 집을 대신 봐 주겠다고 연락했다. 점심식사를 마치고 외출했다. 부동산중개사와 약속을 잡고 집을 본 뒤 사진을 찍어 '달'님에게 보냈다. 수업시간에 배운 대로 가격 흥정도 시도했다. 이 천만 원을 깎아 주면 바로 계약하겠다고.

'달'님께 전달했다. '달'님은 시세보다 이천만 원을 깎은 가격으로 집을 매수했고, 송파구민이 되었다. '달'님이 송파구민이 되니, 우리는 더 자주 만날 수 있었다. 세 명의 닉네임 첫 글자를 따서 '달따와 모임'이라고 혼자 이름 붙였다. '달따와' 모임에 간다고 남편에게 말하면, 아무것도 묻지도 따지지도 않고 잘 다녀오라 한다.

비주기적으로 모였다. 개포동, 대치동, 삼성동, 압구정동-청담동, 잠실동, 송파동-방이동, 거여동-마천동, 명일동-고덕동을 함께 돌아다녔다. 각 자치구 하나씩 도맡아 아파트의 시세를 조사하기도 했다. 일 년에 한 번씩 과거 시세와 비교한다.

각자 부동산 공부하는 방법은 다르다. 한 사람은 발로 뛰어다니고, 한 사람은 자료를 비교분석하고, 한 사람은 주변 사람들에게 들은 이야기로 판단한다. 함께 임장하면서 식사하고 커피 마시며 각자의 시선으로 본 관점을 들어본다. 서로에게 배우는 게 있다. 더군다나 배우자와 잘 통하지 않는 대화도 셋이 이야기하면 죽이 잘 맞다. 우리가 자주 만나는 동네 아지트도 있다. 퇴근 후 번개로 모여 커피 한잔하고, 카페가 문을 닫아도 매장 앞에서 밤 열 한 시가 되도록 삶과 투자, 아이들 이야기로 시간 가는 줄 모른다. 동료들이 있으니, 배우자가 투자에 관심이 없어도 상관없었다.

사실 남편과 함께 투자 공부를 하자고 꼬셔봤다. 하지만 남편은 싫다며 단호하게 거절했다. 함께 공부하지 않는 것보다는 투자 의견이 서로 다른 게 문제가 된다. 투자할 아파트는 나 혼자 분석했다. 남편에게는 결과만 보여주기로 했다. 아무것도 모르는 평범한 남편조차 설득할 수 없다면, 불충분한 투자처라 여겼다.

반대로 남편이 듣고 공감하는 경우라면 충분히 좋은 투자처일 가능성이 높았다. 몇 년 전 매수한 아파트는 현 시세로 비교해도 확연히 차이가 난다. 수업시간에 강사가 찍어준 곳이 아니다. 직접 임장하고 선택한 지역이다. 배우자도 좋다고 말한 곳을 골라 투자했다. 그렇기에 부부가 함께 퇴직 준비를 하는 마음으로 시세 상승 시기까지 기다릴 수 있었다.

　서로 부딪히지 않고 믿어야 한다. 투자처가 아무리 좋아도, 배우자가 싫어하면, 투자하지 않았다. 약속이 있다고 할 때 다녀오라고 해 주고, 투자도 알아서 하라고 내버려 두는 것, 그냥 옆에서 투자를 방해하지 않는 것만으로도 고마운 남편이었다.


　부동산 흐름 파악을 위해서는 한국부동산원(https://www.reb.or.kr), KB부동산(https://kbland.kr)의 주간 동향과 부동산 114(https://www.r114.com) 리포트 뉴스에서 보도하는 주간 동향을 읽어 본다. 아실(https://asil.kr/asil), 호갱노노(https://hogangnono.com), 네이버 부동산(https://new.land.naver.com) 사이트를 주기적으로 방문하여 관심 단지의 시세를 몇 개월 이상 지켜보면 부동산 전문가 못지 않은 부동산 흐름을 파악할 수 있을 것이다.


　모건 하우절의 『돈의 심리학』에 "우리는 스프레드 시트나 교과서를 보며 재무 결정을 내리지 않는다. 중요한 재무 결정은 저녁 식탁에서 이뤄진다. 배우자나 자녀를 생각하며 결정을 내린다.

따라서 사람에 따라 다를 수밖에 없고 누군가에게 옳은 것이 다른 사람에게는 틀린 것일 수 있다. 우리는 자신만의 투자 전략을 찾아야 한다." 라고 했듯이, 투자에 관심 있는 동료들과 만나 스터디하고, 중요한 판단은 배우자와 이야기하는 것으로 충분하지 않을까.

# 단순하게, 쉽게 하는 주식 :
## 주식관리

행복한 은퇴를 위해 위험한 투자를 해야 한다? 맞다. 단, 조건이 있다. 은퇴하고도 시간적 여유를 누릴 수 있도록 단순하게, 쉽게 해야 한다는 조건이다. 은퇴하면 고정적으로 들어오는 수입이 사라진다. 있는 돈에서 꺼내 쓰기만 하면, 자산 숫자가 줄어들 때마다 그만큼 불안감이 싹튼다. 은퇴자일수록 투자해야 하는 이유다.

교보문고에 들렀다. 104세 김형석 교수의 신간, 『100세 철학자의 행복론 2』가 눈에 띄었다. '백 년을 살았다.' 라는 문장이 프롤로그에 나와 있다. 곧바로 "100세까지 산다면, 현재의 자산으로 충분할까?"라는 걱정이 또 생긴다. 연금으로 노후가 보장되었다 하더라도, 미래 이벤트를 충분히 대처할 수 있을지, 얼마나 오래 살지 알 수 없다. 현금만 보유하고 있다가는 인플레이션으로 효과로 가만히 있어도 자산 가치가 상대적으로 줄어들게 된다. 물가 상승률만큼 자산 가치도 따라갈 수 있도록 투자 활동이 은퇴자에게 꼭 필요한 이유다.

주식에 관심을 가지게 된 이유가 있다. 자산으로 부동산만 소유하고 있다면, 당장 돈이 필요할 때 팔고 싶어도 팔리지 않는 경우가 종종 있기 때문이다. 환금성이 빠른 주식, 현금을 일부 소유하고 있어야 심리적으로 안정된다. 대신, 투자한 주식이 항상 상승한다는 기대감은 바닥에 살짝 내려놓고 시작해야 한다.

나의 인생에서 주식투자 경험은 시즌 1과 시즌 2로 나눌 수 있다.

첫 번째 시즌 1은 공부하지 않고, 즉 로또 당첨을 노리듯 '묻지 마 투자'를 한 경험이다. 두 번째 시즌 2는 현금흐름을 만들기 위해 주식투자 관련서를 수학의 정석처럼 읽으면서 직접 주식시장에 참가해 투자한 경험이다. 첫 번째는 대학원 시절의 경험이며, 두 번째는 조기은퇴를 준비하던 시절의 경험이다. 투자금을 조금씩 늘려가면서 주식의 그릇도 키워나갔다. 투자금이 작아도 슈퍼 개미라면 어떻게 투자할까를 고민해 봤다.

수익금은 투자금에 수익률을 곱한 금액이다. 투자금이 많다면, 수익률이 높지 않아도 수익금이 컸다. 반대로 수익률이 마이너스라면 투자금이 많으면 손실액도 커진다. 다만, 슈퍼 개미에겐 버티는 힘이 다름을 배웠다.

자, 전문가가 되라는 말이 아니다. 지금의 나는 주식시장에

2년간 머무르며 경험을 쌓아가는 과정 중에 있다. 인생 후반전을 편안하게 살기 위해 시간에 장기투자를 하는 방법을 찾아가는 중이다.

대학원을 다니면서 주식계좌를 처음 만들었다. 한 주를 샀다. 하락했다. 한 주를 또 샀다. 아무것도 모르고 투자했던 '묻지마 투자' 성과는 대부분 사람과 비슷하다. 잃었다. 당시 어떤 종목을 샀었는지는 기억조차 나지 않는다. 결국 투자자산 대비 10퍼센트 손실을 떠안았다. 당시 학생 신분에서의 십만 원 손실은 나로서는 충격적이었다. 꼬깃꼬깃 모은 용돈이 순식간에 사라지자 너무 속상했다. 어렸을 때 용돈으로 받은 천 원을 홀라당 언니들 꾐에 속아 과자 사 주며 다 날렸던 것처럼 멍했다. 주식투자를 그만뒀다. 주식투자에 대해 배운 교육비라 여기자며 스스로를 위로하고는 십 년 넘게 잊고 지냈다.

글로벌 회사인 스노우폭스 대표 김승호 회장의 『돈의 속성』을 읽었다. 만약, 기업 경영할 자신이 없다면 사업체를 직접 운영할 필요는 없다고 했다. 대신 자신보다 경영을 잘하는 회사, 즉 애플, 마이크로소프트, 코스트코, 코카콜라 같은 기업체의 주식을 소유하면 된다고 설명했다. 고개를 끄덕이면서 연필로 밑줄을 그었다. 책 아래 귀접이까지 했다. 왜냐하면, 직장생활만 16년을 해온 나로서는 사업에 대해서는 잘 모른다. 다양한 사람들을 대상으로 하는 사업체 운영보다 혼자 공부하면서 수익을 내는 사람이 되는 게 성격상으로도 적합해 보였다. 제대로 주식 공부를 해보고 싶다는 생각이 들었다. 2021년 1월부터 12월까지 주식시장에 머물렀다.

주식투자 관련 책을 고전부터 하나씩 읽었다. 어떤 투자자, 어떤 방식이 자신에게 적합한지 찾아야 한다. 개별종목 가치를 분석하는 과정부터 미국 S&P500지수 투자, 미국 1등주 투자, 배당주 투자하는 법, 올 웨더 포트폴리오 투자, 퀀트 투자, 상장지수펀드 ETF: Exchange Trade Fund 투자, 3배 레버리지 ETF를 활용한 라오어의 무한 매수법과 밸류 리밸런싱 투자법까지 계좌를 분리해서 테스트했다. 투자 방법을 소개한 사람의 배경도 찾아봤다. 슈퍼 개미부터 일반 직장인, 전업투자자, 전문직에 이르기까지 다양했다.

직장인과 전업투자자는 투자 방식이 다르다. 어떻게 투자하는지 배우기 위해 슈퍼 개미가 운영하는 유료 멤버십 서비스에 가입하기도 했다. 실시간 뉴스와 공시자료, 주식 담당자 IR : investor relations 통화 내용까지 정리한 자료를 제공해 주었다. 시시때때로 종목에 관한 뉴스를 올려 주고, 기업 리포트를 공유해 주었다.

제공되는 자료 모두를 꼼꼼히 챙겨 읽는 건 직장인으로서는 불가능할 정도로 많았다. 우연히 게시글을 봤을 때 실적발표 기사가 언급되자, 실시간으로 주가는 요동쳤다. 공부하지 않고 주식을 샀다가 손해를 봤던 이유를 그때 알았다. 개별종목 투자는 시간과 노력이 필요했다. 그런데도 해당 기업은 예상과 다른 실적발표를 보여줄 때도 있었고, 외부 환경에 의해 주가가 급등하거나 급락하는 경우가 다반사였다. 실시간으로 제공되는 정보를 놓치지 않고 챙겨야만 수익이 나는 구조였다. 돈보다 시간이 더 중요하다고 생각했던 시기라 대부분의 투자 방법은 나의 투자 성향에 맞지 않다는 걸 깨달았다.

30대에 은퇴한 K-파이어족으로 알려진 신현정, 신영주의 『파이어족의 재테크』에 따르면 미국형 파이어족은 본인 1년 생활비의 25배를 목표액으로 모은다. 그 돈을 미국 인덱스펀드에 투자하고 매해 원금의 4%만 사용하는 방식이다. 우리나라 돈으로 약 11억 원 정도였다.

한국형 파이어족은 미국형 파이어족이 추구하는 목표 금액의 절반 정도로 목돈을 마련하고 투자 공부를 한다. 그 돈으로 한국에 맞게 포트폴리오를 짜서 현금흐름과 투자수익을 동시에 추구하는 방법이다.

한국형 파이어족에 끌렸다. 실거주 이사 문제로 부동산 공부를 해서 안전 자산을 확보한 상태에서 책을 읽었다.

주식 공부를 시작해야겠다고 마음먹었다. 현금흐름을 만들어야 한다. 책에 나온 데로 배당주부터 투자해 보기로 했다. 배당 투자에 관한 책부터 찾아 읽었다. 소수몽키, 베가스 풍류객, 윤재홍의 『미국 배당주 투자』, 켈리 라이트 『절대로 배당은 거짓말 하지 않는다』 등으로 배당주 기초 지식을 쌓았다.

여기서 잠깐, 주식 책을 포함한 경제서를 읽을 때는 주의할 점이 있다. 출간 시기, 경제 상황을 고려하며 읽어야 한다. 언급된

종목은 시기에 따라 다르다. 배당이 삭감되면 주가가 하락했다. AT&T<sup>티커:T</sup>는 연 6% 이상 배당하는 배당 귀족 종목 중 하나였다. 하지만 2021년 5월 배당 삭감이 발표되는 순간, AT&T 주가는 바로 -5.8% 하락했다. 책에 나온 종목을 무조건 매수하면 안 된다는 사실을 눈앞에서 지켜보면서 깨달았다.

나보다 먼저 시간 부자를 선언한 파이어족으로부터 은퇴 시스템으로 활용하고 있는 투자법을 소개받았다. 그 투자법이 곧 책으로 출간된다는 소식이 있었다. 미국에 3배 레버리지 ETF에 투자하는 라오어의 『미국 주식 무한 매수법』이다. 레버리지라는 단어만 봐서는 위험하다고 생각했다. 그래도 파이어족이 활용하는 투자법이라고 하니 일단 책을 읽어보기로 했다. 무한 매수법은 단기투자 형태로 현금흐름을 만들어 내는 용도이고, 밸류 리밸런싱<sup>VR: Value Rebalancing</sup>은 미래에 큰 수익을 내는 장기투자 방법으로 알려져 있다.

밸류 리밸런싱에는 적립식, 거치식, 인출식 방법이 있는데, 지금은 적립식이나 거치식으로 투자하다가 목표금액에 달성하면 인출하여 현금흐름을 만드는 방법이다. 가격이 올라도 내려도 상관없이 수식에 따라 계산된 가격으로 매수하고 매도하면 된다. '라오어 미국 주식 무한 매수법 & 밸류 리밸런싱' 네이버 카페에 2022년 12월, 긴 하락장이 왔을 때 이를 보완한 무한 매수법 v2.2가 배포된 상태다. 책으로 정리된 내용을 한 번 읽어 보고, 업데이트된 방법을 읽는 편이 좋다.

무한 매수법은 하루에 한 번, 밸류 리밸런싱은 2주일에 한 번만 예약 매수하고, 예약 매도하고 일상을 즐기면 되는 투자법이다. 다만, 이 방법이 누구에게나 적합한 방법일 수 없다. 투자금에 따라, 성격에 따라, 손실과 수익을 얼마나 장기적으로 버틸 수 있는지 다를 수 있기 때문이다. 만약 은퇴자금 5억, 10억을 무한 매수법과 밸류 리밸런싱 방법으로 투자했다고 가정해 보자. 손실폭이 −30%, −50% 하락한다면 은퇴한 당신이라면 버틸 수 있겠는가?

2022년 주식시장은 장기적인 하락기였다. 나심 니콜라스 탈렙의 책 『행운에 속지마라』라는 제목처럼 행운에 속은 사람이 대다수였다. 하락하더라도, 상승하더라도 버틸 수 있는 확신이 있어야 장기투자를 할 수 있다. 선택은 당신 몫이다. 처음부터 무리한 투자금을 넣어 투자를 하기보다는 한 주씩이라도 직접 주식을 보유해 보면서, 자신의 성향을 테스트해 보길 바란다.

2022년은 미국 연준의 금리인상에 맞물려 미국 주식시장도 폭락했다. 올 웨더 포트폴리오에 분산 투자를 해 둔 금, 채권 종목을 제외하고는 주식계좌 종목 수익률이 전부 파란색으로 바뀌었다. 라오어의 무한 매수법, 밸류 리밸런싱 투자 방법 모두 손실을 피해 갈 수 없었다. 2022년 긴 하락장에서는 투자금도 커졌고, 3배 레버리지인만큼 손실액도 많았다. 하지만 그 시기를 견디고 기계적으로 예약 매수, 예약 매도 방식으로 운영했다면 2023년 7월 기준 라오어의 '10억 만들기 프로젝트'는 원금을 회복하게 된다.

만약 중간에 투자를 포기했다면, 손실 상태로 남게 된다.

5년, 10년, 20년 장기투자를 하겠다고 다짐했다. 단기투자 방법, 장기투자 방법을 적정 비율로 나누어서 미국 주식 투자를 시작했다.

대학원 시절에 투자한 종목에서 나는 하락을 경험했다. 남는 게 없었다. 이유도 몰랐다. 하지만 이번에는 달랐다. 주식뿐 아니라 우리 집 부동산 시세도 25% 이상 하락한 상태였다. 주식 대신 투자금을 부동산에 투자했다고 하더라도 비슷한 손실을 보았겠다고 생각하니 심리적으로 안정되었고, 덜 불안했다. 개별종목이 아니었고, 금리인상에 대한 시장의 반응이었기에 금리가 안정화되고, 시간이 지나면 회복될 수 있다고 믿었다. 매일 '일일경제지표' 보고서를 읽으며 경제 동향을 파악했기 때문에 가능한 일이었다.

주식투자는 여전히 위험하다고 생각하고 있는가? 위험하다. 다만 20년, 30년 이상 투자하면 채권 수익보다 높다는 데이터를 책을 통해 확인했다. 자, 원칙을 정했다. 단순하게, 쉽게, 미국 ETF 종목에 장기투자를 하는 것으로 말이다. 데이터 과학자이자 자산관리 전문가인 닉 매기울리의 『저스트 킵 바잉』의 제2부 투자 부분을 참고하면 된다. 투자를 왜 해야 하는지, 개별 주식에 투자해선 안 되는 이유, 저가매수 시기를 기다릴 필요가 없는 이유가 나온다. 그뿐만 아니라 투자자라면 변동성을 두려워할 필요도 없으며, 가장 중요한 자산은 시간이라는 말에 공감했다. 수십 권의 주

식 관련 책들을 읽으며 결론 내린 투자 철학이 고스란히 『저스트
킵 바잉』에 녹아 있는 것처럼 느껴졌다.

　장기간 투자 실력을 입증한 피셔 인베스트먼트 대표 켄 피셔
의 『주식시장의 17가지 미신』을 보고 그동안 왜 대다수가 시장에
서 돈을 잃는지 배울 수 있었으며, 시간 지평이 길다면 주식의 투
자실적이 채권투자를 능가할 가능성이 높다는 사실도 파악할 수
있었다. 만약 미국 주식 공부를 해본 적이 없다면, 수미숨, 애나정
의 『미국주식 처음공부』를 한 번 읽어 보길 바란다. '미국 주식의
정석'처럼 느꼈던 책이다. 개별 주식보다 섹터의 큰 흐름이 중요
하다고 한다. 피델리티(www.fidelity.com) 홈페이지 마켓 섹터에서 현재
경기 사이클을 파악하는 방법이 내게는 유용했다.

　주식투자 원칙은 단순해졌고, 쉬워졌다. 그냥 계속 미국 ETF
주식을 사서 20년, 30년 가져가기로 했다. 100세까지, 아니 더 오
래 살아도 지금의 자산이 물가 상승분보다는 높아지리라 믿기
로 했다. 주식이 폭락하거나 상승하는 뉴스를 본다면, 주식을 팔
아야 하나 불안해질 수 있다. 이를 방지하기 위해서는 아침에 일
어나서 한국과 미국주식동향을 꾸준하게 30분 정도만 챙겨 읽
자. 한국거래소(https://www.krx.co.kr)에서 제공하는 코스피, 코스닥 일
일증시동향 브리핑 정보를 제공한다. KRX브리핑 메일링 서비스
를 신청하면, 홈페이지를 방문하지 않아도 메일로 편하게 받아
볼 수 있다. 유료 멤버십정보 못지 않은 한 페이지 보고서다. 해외
증시, 환율, 국제유가 등의 정보도 챙겨 본다. 미국주식동향은 주

식 시각화 자료financial visualizations (https://finviz.com)와 인베스팅닷컴(https://investing.com)을 확인하면 된다. 은퇴 후 두려움 대신 믿을 수 있는 미래는 바로 장기 복리식 투자다. 투자는 미래 시간에 맡기고, 우리는 지금 이 순간을 즐긴다.

'우울하다'의 반대말은 뭘까? 행복하다? 아니다. 네이버 검색
창에 '우울하다'의 반대말을 입력해 본다. 마침, 질문에 관한 기사
를 발견했다. 윤대현 서울대학교 정신건강의학과 교수의 글이다.

'우울의 반대말은 무엇일까'란 질문을 던지면 대답으로 행복이
란 단어가 가장 흔하다. '우울하면 불행하다'고 생각한다는 것이다.
실제로 우울하지 않기 위해 끊임없이 기분 전환을 하려고 노력하는
자신을 발견한다. 기분 전환은 마음 조정의 한 기술이다. 인공적으
로 에너지를 써서 부정적인 감정을 좋은 쪽으로 바꾸는 방법이다.
효과가 있으나 너무 사용하면 마음이 더 지치게 된다.

흥겨운 술자리 뒤에 이상스러운 공허함이 찾아온다. 이 공허함의
정체를 즐거운 활동이 적어서라고 오해하고 더 핑크빛 놀이와 활동

에 빠지다 보면 행복중독 현상에 빠지게 된다.

  행복하지 않고 싶은 사람은 없을 것이다. 그래서 우리는 열심히 살고 있다. '열심히 살아야 행복하다.' 라는 언어의 틀이 우리 마음을 꽉 움켜잡고 있기 때문이다. 실제로 아무것도 하지 않는데 행복할 순 없다. 그런데 열심히 사는 것만큼이나 행복에 있어 중요한 요소가 '마음에 행복의 판단 기준이 어떻게 설정돼 있는가'다. 객관적으로 열심히 살고 있어도 행복의 판단 기준이 좋지 못하면 마음에서 행복을 느끼기가 어려워진다. 마음 깊은 곳에 자리 잡고 있는 행복의 판단 기준은 아름다움을 정의하는 미적 기준과 연결돼 있다. 미에 대한 인식은 사물을 바라보는 자신의 가치관과 직결된다. '무엇을 아름답게 느끼는가'는 '내가 누구이고 무엇을 추구하는가' 하는 정체성을 시각적으로 보이게끔 한다. 우울의 반대말이 불행이라는 것은 우울한 이미지가 아름답지 않게 보인다는 것이다. 우울 같은 부정적인 감정과 이미지는 정말 못생긴 것들일까.''

– 출처: 2018년 2월 2일, 〈한경 머니〉, 윤대현 교수, 배현정 기자


  코로나 팬데믹 이전에 작성된 기사다. 2020년 시작된 코로나는 '코로나 블루'라는 신조어까지 만들어질 정도로 '우울'이라는 단어가 전 세계를 덮쳤다. 반면에 코로나 상황에 오히려 자기계발, 자기관리, 자아실현에 진심이 된, 자신을 브랜딩하는 사람도 늘어났다. 운동과 다이어트를 열심히 하는 사람, 외국어 공부에 집중하는 사람, 유튜버, 인스타그램, 블로그로 두각을 나타내는 사

람들이 나타났다. 인플루언서가 된 사람들은 우울감에 사로잡힌 사람이 아니라 무언가 하나라도 시도하면서 활력 넘치게 움직이는 사람이었다.

우리 몸은 에너지보존법칙이 적용된다. 이 책을 집어 든 독자라면, 은퇴 후에 어떤 삶을 살 것인지, 어떤 계획을 세워 실행해야 할지 궁금한 사람일 것이다. 직장을 그만 둬 소속이 사라지면서 아무 일을 하지 않고 지내다 보면 몇 달 되지 않아 무기력함과 그로 인한 우울감이 밀려올 가능성이 높다.

나 역시 직장생활을 할 때 갑자기 우울감에 젖었던 때가 있었다. 미래를 설계하고 계획했던 대로 결과가 나오지 않았을 때였다. 그럴 때 나는 침대에 쓰러져 몇 시간 잠을 자는 것으로 벗어나고자 했지만 효과는 없었다. 사람들을 만나는 것으로 우울감을 풀어 보려고도 했으나 사람들 사이에서 오가는 불평 에너지들만 듣고 오니 오히려 더 지치는 것 같았다.

하지만 있는 에너지, 없는 에너지까지 전부 끌어모아 자기 계발과 재테크 활동에 몰입하던 시절에는 우울하다고 생각할 틈이 없었다.

우울감에 빠지지 않으면서 노후를 보내기 위해서는 슬기로운 자아실현을 통해 성취감을 쌓는 기회가 많아야 한다. 큰 성취감이 아니어도 괜찮다. 작은 일이라도 도전하고, 성취감을 맛볼 수 있다면 충분하다.

책에 언제나 답이 있다고 믿고 있는 사람으로서 몇 가지 활력

관리 활동을 소개하고자 한다.

**첫째, 만능 독서다.**

책을 통해 새로운 지식과 아이디어를 얻을 수 있다. 자기계발서를 추천한다. "다 알고 있는 내용이군." 하고 넘기지 말자. 책에 소개된 조언과 삶의 지혜를 적어도 한 번 직접 경험해 보는 것이다. 직접 해보는 것과 생각만 하는 건 엄연히 다르다. 생각이 바뀌면 새로운 가능성을 만난다. 도전하고 싶은 마음, 동기부여를 하기에도 좋다.

우리 뇌의 90%는 무의식이 차지하고 있다. 책을 통해 동기부여를 받은 당신의 무의식은 활력으로 넘치게 된다. 당신 안에 잠든 거인이 깨어날지도 모른다. 경제경영서, 인문, 철학, 소설, 에세이, 역사, 자연과학 등 어떤 책이든 골라 백 권 정도만 읽는다면, 독서가 당신을 활력 넘치게 만들어 줄 것이다.

**둘째, 목표 설정 및 계획을 세운다.**

일 년에 하나씩 새로운 취미나 기술을 배우는 것도 좋다. 책 쓰기 라이팅코치 양성과정에 예순을 넘은 분이 오셨다. 그분은 책을 쓰거나 누군가를 가르칠 생각은 전혀 없는 사람이라고 자신을 소개했다. 그분은 아들의 말을 듣고 수업에 등록을 했다면서 그 말을 전했다. "엄마, 내가 돈 줄게. 엄마 치매 안 걸리게 하는 건데. 치매 치료비용이라고 생각할게. 배워."

글쓰기뿐 아니라 서예, 수영, 등산, 스스로 도전하고 계획하는 하루를 보내면, 즐겁고 활력 넘칠 수 있다.

**셋째, 강연과 워크샵, 콘서트, 사회 봉사활동에 참가한다.**

혼자 지내기보다는 다른 사람들을 보면서 새로운 아이디어나 지식을 습득할 수 있다. 다른 사람을 도우며 보람을 느끼면 자아실현에 큰 영향을 줄 수 있다. 평소에 좋아하거나 존경하는 사람의 SNS를 찾아보자. 블로그, 유튜브, 인스타그램, 스레드 등 다양한 채널을 찾아보면, SNS를 통해 온라인, 오프라인에서 당사자를 만날 기회가 생길지 모른다.

올림픽공원에서 트로트 가수 임영웅이 '아임 히어로' 콘서트를 한 적 있다. 나이를 알아보기 어려울 정도의 어머니들이 하늘색 티셔츠를 입고서는 스마트폰 화면 속으로 빨려 들어가고 있었다. 노래도 따라 부르고 있었다. 올림픽공원 88 잔디광장 주변은 하늘색으로 가득 찼다. 오천 보 정도 빠르게 걷던 나보다 더 활력이 넘쳐 보였다.

며칠 동안 갑작스레 우울감이 찾아왔다. 우울한 마음을 극복하려고 네이버 검색창에 '우울하다'의 반대말을 찾아봤다. 우울한 감정이 사라졌다. 국어사전에서 '행복하다' 라는 단어를 찾아봤다. "생활에서 충분한 만족과 기쁨을 느끼어 흐뭇하다"고 나온다. 예문으로 다음과 같은 문장이 나온다.

"부자가 아니어도 행복하다." "강물을 따라 길을 걸을 때가 가장 행복하다." "모름지기 서로 사람은 오체가 건강해야 행복하다." "아이들도 잘 크고 살림도 푼푼하여 나는 더없이 행복하다." "비록 초가삼간일지라도 온 가족이 모여 사니 행복하다."

다음은 '활력'에 대해서도 찾아봤다. 살아 움직이는 힘이 활력이다. 예문으로 다음과 같은 문장이 나온다.

"활력에 찬 삶을 산다." "좋은 음악은 우리 생활에 활력과 의욕을 준다." "더운 여름날에 활력을 유지하려면 열에 노출된 내내 수분을 충분히 섭취해야 한다." "그는 활력을 재충전하기 위하여 휴식을 취하기로 했다." "그의 기획안은 지지부진하던 업무에 활력을 불어넣었다."

블로그에 이런 내용을 공유했다. 우울함의 반대가 활력이라는 말을 바로 체험할 수 있었다. 블로그 포스팅 하나를 끝내고 노트북을 닫았다. 외출 준비를 신나게 했다. 저녁독서모임이 있어서였다. 오전에 잠깐 우울했던 감정은 활력 넘친 하루로 기억되는 날이다.

연세대 김주환 교수의 『내면 소통』에 "움직임은 삶의 핵심이다."라는 말이 나온다. 움직임이 본질적으로 지각에 선행하며, 감정은 움직임이라고 한다. 슬기로운 자아실현, 활력 넘치는 당신의 삶이 당신을 움직이게 만든다. 그게 바로 슬기로운 퇴사 생활, 진짜 삶이 아닐까

---

**PART 3**

---

# 행복한 은퇴를
# 준비하는
# 맞벌이부부
# 생활 설계

# 집안일은 어떻게 분담해야 할까?

난생처음 큰맘을 먹고 청소 앱을 통해 가사도우미를 신청했다. 빨래를 개는 게 귀찮았다. 빨래건조기 동작이 멈추면 세탁물을 꺼내 개어 달라고 청소 앱에 구체적인 요구사항을 남겼다. 집에 가면 깔끔해졌으려나 하는 기대감을 품고 퇴근 후 남편 먼저 옷을 갈아입기 위해 옷방에 들어갔다. "이게 뭐야!!!" 남편의 목소리에 놀라서 따라 들어갔다.

빨래건조기 위에 가지런히 개어진 옷과 수건이 잘 놓여 있었다. 메시지를 남긴 대로 해 줬구나 싶다가, "앗! 이거 어쩌지?" 하는 말이 튀어나왔다. 외출복을 걸어두는 옷걸이 옆에 빨래건조기가 있는데, 그 위에 세탁한 옷과 수건을 개어 두어서다.

잠시라도 밖에 입고 나간 옷을 입은 채로 집안을 돌아다니면 남편은 큰 소리를 낸다. 빨래를 개면 당연히 나처럼 침대 위에 올려놓아 둘 줄 알았는데, 가사도우미에게 요청할 때 개어 달라고 만 하고, 세탁물을 침대 위에 올려두라고 말하지 않은 게 문제다. 결국 각 잡혀 개어진 상태의 옷들을 고스란히 빨래 바구니로 다시 쏟아 부었다. 싱크대며 욕실 청소 상태도 둘러보니 기대했던 만큼 마음에 들지 않았다. 다른 청소 앱을 설치해 볼까 싶었지만 마찬가지일 듯싶어서 설치했던 앱마저 지웠다.

맞벌이부부, 자기계발에 진심인 부부에게는 집안일 자체가 시간 낭비였고, 스트레스였다. 그렇다고 청소 가사도우미를 고용하는 것도 성격상 안 맞았다. 어쩔 수 없이 황금 같은 시간은 돈으로 레버리지하자고 결론을 내렸다. 이사를 하면서 '3신가전'을 마련했다. 빨래건조기, 식기세척기, 로봇 청소기. 맞벌이부부에게 꼭 필요한 3대 가전이라는 말이 유행하기도 했던 가전제품이다.

주말마다 스팀청소기로 빡빡 문지르며 거실 바닥을 청소하던 남편에게 로봇 청소기를 선물하니 남편 할 일이 줄었다. 설거지를 하느라 보내던 시간도 식기세척기에 그릇만 물에 헹궈 넣으니 시간을 번 것 같다.

건강 식단을 유지하기 위해 재료를 다듬고 요리하는 건 내가 하기로 했다. 대신 치우는 건 남편 임무다. 반찬 한두 개, 찌개나 국 하나 끓였을 뿐인데 시간이 삼십 분에서 한 시간이 후딱 지나간다. 요리하느라 시간을 보내면 남편은 불편한 마음을 갖고 밥을 먹는다. 다양하지 않더라도 요리 하나라도 하면 그릇이 산더

미다. 식사를 마치면 남편 설거지 차례다. 설거지할 그릇이 많아진 날은 남편에게 내가 미안해진다.

냉동실에 음식물 쓰레기를 모아둔다. 마음먹은 날 한꺼번에 버린다. 빈 그릇이 수북하게 싱크대에 쌓인다. "이걸 다 식기세척기에 어떻게 넣어! 통을 지금 다 꺼냈어야 해?" 남편의 볼멘소리가 들린다. "응? 너무 오래된 반찬이라 그냥 다 버리려고." "식기세척기 아래 칸, 위 칸 다 해도 그릇이 다 안 들어가잖아. 굳이 이렇게 한꺼번에 꺼내야 해? 난 몰라. 나머진 자기가 알아서 해." 나눠서 다음에 하면 될 일을 남편은 잔뜩 굳은 표정으로 질문 공세다. "다음에 돌리면 되잖아." 하고 슬며시 들릴 듯 말 듯 대답한다. 냉장고 관리 차원에서 안 먹고 버릴 음식들을 생각난 김에 한 번에 비워낸 게 화근이다. 남편 눈치가 보여서 못 먹게 된 음식도 냉장고에 며칠 더 보관하는 날이 생겼다. 백 퍼센트 남편을 이해할 수는 없지만, 설거지 담당 남편에게 맞추면 나도 남편도 평안하다.

수건이 하나밖에 안 남았으니 빨아야겠다고 남편이 한마디 건넨다. 그러면 내가 수건을 세탁기를 넣어 돌리고, 끝나면 건조기에 옮겨 담는다. 건조가 끝나면 남편이 꺼내 와서 수건을 접는다. 가끔 마음 내키면 함께 개어줄 때도 있다. 처음에는 수건 접은 모양이 예쁘게 잘 안 나온다고 속상해 하더니, 이제는 남편도 제법 수건 정도는 잘 갠다. 마지막으로 남편은 포개진 수건을 욕실 선반에 잘 올려두고 나온다. 고맙다고 인사하면 "내가 고맙지."라고 말해 준다. 서로 눈이 마주치면 씨익 웃어 주었다. 수건 세탁기에 넣는 사람, 수건 건조기에 올리는 사람, 수건 꺼내 오는 사람, 수건 개는 사람, 수건 욕실 장에 넣는 사람, 우리 부부는 각자 임무가 있다. 나는 할 수 있지만, 상대방이 어려워하는 걸 대신하면서 집안일을 분담하며 살아가는 중이다.

얼마 전 조카가 도서관에서 MBTI 책을 빌려 읽었다면서 성격 이야기를 해 주었다. ISTJ형과 ENTP형이 만나는 경우와 ISTJ형끼리 또는 ENTP끼리 만나는 경우 각각의 장단점이 있다고 한다. 같은 성향끼리 만나면 서로가 말 안 해도 상대방에게 공감하는 능력이 높아진다. 말하지 않아도 되니 편하긴 하지만 내가 부족한 부분을 상대방이 채워 주기 어렵다. 힘들 때는 둘 다 힘들어 한다. 성향이 완전히 반대라면 자주 부딪히고 싸울 때가 많다. 대신 자신에게 부족한 부분을 상대방이 채워줄 수 있어서 서로 도와주는 상황이 된다. 그러니 정답은 없다. 서로를 알면 충분하다.

기대하던 상대방의 모습이 아닐지라도 내게는 쉬운 일이 상대에게는 어려운 일이라면 먼저 도와주고, 서로가 힘든 일은 함께해 나가면 혼자보다는 더 시너지가 나타난다. 자신만의 주장만 펼치기보다는 상대방에게 공감하면서 적극적으로 의견을 표현한다. 도움이 필요할 때는 상대의 기준을 침해하지 않는 선에서 분담하여 살아가는 중이다. 그게 바로 평안한 가정이 아닐까.

월요일을 가족의 날로 정했다. 왜냐하면 아파트 단지 내 재활용 분리수거일이 월요일이기 때문이다. 월요일에는 무조건 외출한다. 함께 드라이브를 가기도 하고, 등산을 다녀오기도 한다. 맛집을 찾아 외식하거나 집 근처 빙수 가게나 카페를 들를 때도 있다. 집으로 돌아오면 재활용 쓰레기, 일반 쓰레기, 음식물 쓰레기를 함께 들고 나간다. 혼자 하면 "나만 왜?" 싶은 순간이 있기 마련이다. "네가 알아서 해." 라는 마음보다는 '같이 하자'고 하는 것, 맞벌이부부의 새로운 맞춤 방식이 아닐까.

"점심 먹고, 〈슬램덩크〉 보고 와서 쓰레기 버리자."
"그래, 좋아."
"음식물 쓰레기만 자기가 버려줘. 내가 재활용품 들고 갈게."
"응, 알았어."

# 선물은 안 주고 안 받기

오늘도 실패다. "목이 패여서 싫어, 다음에 입을게." 라는 말이 전부다. 아마 앞으로도 같은 대답만 들을지도 모른다. 아끼면 뭐 된다고 해도 소용없다. 십 년째 옷장 안에 고이 걸려 있는 남편 겨울 코트 얘기다. 결혼할 때 한 번, 신혼여행 다녀와서 친정에 갈 때 한 번, 동료직원 결혼식에 한 번 입었다, 십 년 동안. 안 입으면 코트를 다른 사람 줄까 물으면 그냥 둬 보라는 대답이 돌아온다.

결혼한 지 이제 11년 차다. 결혼 당시 남편 예단과 예물을 격정했다. 너무 저렴한 것을 살 수도 그렇다고 형편상 고가의 선물을 하기에도 어려웠다. 남편은 특별히 기대하는 것도 없었지만 나 혼자 다른 사람 시선을 의식했다. '예복이니까!' 하는 마음으로 남편과 백화점으로 갔다. 백화점에서 정장을 사본 적이 없었는데, 친구 지희가 얘기했던 '아이잔바바' 브랜드가 기억났다. 몇 벌 입어보고 품에 딱 맞는 치마 정장을 예복으로 정했다. 오십만 원이 넘었다. 남편이 결제했다. 전에 한 번도 입어보지 못 한 비싼 옷이다. 가격에 맞춰서 남편도 그에 걸맞은 정장을 사 줘야 한다고 생각했다. 엄마가 코트도 하나 사 주라는 말에 남성복매장으로 가서 백만 원짜리 양모 코트를 샀다. 예물 시계를 사려니 어떤 브랜드를 사야 할지 몰라서 네이버 카페를 여기저기 둘러보았다. 명품에 관심이 없어서 뭐가 뭔지 몰랐다. 고가의 명품시계는 천만 원이 넘어갔다. 부담됐다. 남편 취향과 가격을 고려하니 '태그호이어' 정도면 적당해 보였다. 비싼 코트도 태그호이어 시계도 필요 없다는 남편이었지만, '그래도 결혼하는 데 이 정도는 해야 시댁에서 뭐라 하지 않겠지?' 하는 생각에 강제로 선물했다. 평소 우리 집안에서는 엄두조차 내지 못할 가격대의 코트였고, 시계였다. 남편은 코트가 비싸고, 아깝고, 불편하다고 입지 않았고, 시계도 상처 날까봐 고이 모셔 두었다. 나조차도 결혼 후 배가 볼록 나와 치마를 한두 번밖에 못 입었다. 옷걸이에 걸린 정장 어깨 부위에 하얗게 먼지가 쌓였다.

남편 생일은 7월 1일, 내 생일은 7월 7일. 딱 6일 차이다. 내가 먼저 선물하면 남편도 내게 선물해야 한다는 생각에 남편은 내가 주는 선물을 부담스러워 한다. 결국 서로 안 주고 안 받기로 정했다. 사위, 며느리 생일이라고 친정엄마와 시어머니는 둘이 맛있는 것 사 먹으라고 용돈을 매년 십만 원씩 보내 주곤 했다. 평소

비싸서 잘 가지 않는 식당을 예약해서 한 번에 서로 축하하고 끝낸다. 누군가는 낭만이 없다고 할지 모르겠다.

하지만 결혼할 때 샀던 정장과 코트, 시계처럼 평소 보관만 하는 선물은 주는 사람, 받는 사람 모두의 마음을 불편하게 했다. 그럴 바에는 안 주고 안 받는 게 좋겠다고 합의했다. 각자 용돈에서 본인이 갖고 싶은 걸 산다. 어떤 날은 조그만 택배 상자 네다섯 개가 문 앞에 쌓여 있을 때도 있다. 서로 뭐냐고 묻지 않는다. 자기 이름이 적힌 택배 상자를 조용히 들고 가서 혼자 뜯으면서 흐뭇해 할 뿐. 서로 뭐냐고 묻지도 따지지도 않는다.

결혼하고 5년 뒤에는 직장 근처로 이사하자는 계획을 세웠었다. 이사를 하려면 돈을 모아야만 했다. 한 사람 월급 정도는 저축해야 가능해 보였다. 공용 생활비를 제외하고 남은 돈만 각자 용돈으로 사용했다. 남편은 회사에서 받는 월급에 비해 용돈이 너무 적어 보인다고 한두 번 불평했지만 어쩔 수 없었다. 아내 눈치 보지 않고 갖고 싶은 걸 사기엔 넉넉하지만은 않은 금액이다.

결혼 6년 차에 이사를 하고 나니 가계에 조금 여유가 생겼다. 그동안 잘 참아 준 남편이 고마웠다. 남편은 애플사의 '아이맥'을 갖고 싶어 했다. 이사하면 사 준다는 공약을 선언했다. 가격이 부담스러웠지만 누구보다 많이 아끼며 잘 쓸 거라는 걸 알기에 선뜻 선물했다. 책상 위가 깔끔해졌다. 다음에 이사할 때를 대비해 아이맥 빈 상자는 아직 베란다에 보관 중이다. 이사업체가 알아서 포장해 주니 상자를 버려도 된다고 이야기해도, 껍데기조차 소중히 여기는 모습에 남편에게 딱 맞는 선물이었구나 생각했다. 함께 모은 돈이었지만, 나눔의 기쁨은 제대로 느낀 순간이다.

말로 모건의 『무탄트 메시지』는 선물에 대해 다음과 같이 설명하고 있다.

"선물은 받는 사람이 원하는 조건을 줄 때만 그것이 선물이 될 수가 있다. 선물은 주는 사람이 자신이 주고 싶은 것을 준다면, 그것은 선물이 아니다. 그리고 선물에는 어떤 조건도 붙어 있지 않다. 선물은 조건 없이 주는 것이다. 선물을 받은 사람은 그것을 마음대로 할 수 있는 권리가 있다. 선물을 사용하든, 부수든, 내버리든, 그건 받은 사람 마음이다. 선물은 무조건 받은 사람의 것이며, 주는 사람은 그 대가로 무엇을 기대하면 안 된다. 이런 기준에 맞지 않으면, 그것은 선물이 아니다. 그것은 선물이 아닌 다른 것으로 이름 붙여야 한다."

받고 싶은 선물은 꼭 필요하면 직접 사도 된다. 마음 편하게 사는 것이다. 고가 명품이라도 상대방이 불편한 마음을 갖는다면 선물이 될 수 없겠다고 느끼는 시간이었다.


전작 『평단지기 독서법』에서 상대방이 좋아하게 만드는 다섯 가지 선물 방법을 소개했었다. 그중에서 상대방이 원하는 걸 직접 물어보거나, 상대방의 입장을 고려하여 선물한다. 우리 부부는 마음대로 할 수 있는 권리를 서로에게 선물했다.

하지만 부모님의 경우는 달랐다. 부모님이 가장 좋아하는 선물은 현금이다. 명절 때마다 별다른 선물 대신 봉투에 현금을 넣어 드렸다. 반대로 부모님은 차비나 하라고, 가다가 커피 한잔 하라며 봉투에 돈을 넣어 우리 손에 다시 쥐여 주셨다. 현금 드리고 다시 현금으로 받으니 '이게 뭔가' 싶을 때도 있었지만, 부모님에게는 우리의 '마음과 정성'을 보여드렸다. 부모님이 사용하던 스마트폰을 교체할 시기가 된 듯하여 과감히 최신 플립형 스마트폰을 선물했다. 남편은 군이 스마트폰 사드리지 않아도 된다고 이야기했지만, "아들 며느리가 최신 핸드폰 사 주더라"고 부모님이 자랑하실 기회를 제공하고 싶었다.

핸드폰 두 개를 들고 시댁에 내려갔다. 아직 기존 전화기도 멀쩡한데 뭐 하러 샀냐고 했지만, "아는 사람 딸도 이번에 스마트폰 사 줬다더라고." 한마디 툭 내뱉으셨다. '성공이다!' 부모님께 선물하는 의도는 바로 이거니까. 현금도 중요하지만, 상대가 필요로 하는 깜짝 선물이 더욱 가치 있게 빛나는 순간이다.

선물이란, 상대방이 진짜 원하는 걸 파악하는 게 중요하며, 그것이 바로 상대방과의 관계 형성에 영양분이 되어 주는 고마운 마음이다.

# 서로 다른 수면 습관

새벽 5시 25분, 다른 방에 놓아둔 알람부터 끈다. 어떤 날은 시끄러운 알람 소리가 들리지 않는다. 남편이 먼저 일어나 부스럭거리는 소리에 겨우 일어나는 날이면, "더 자." 라는 남편의 한마디에 다시 침대로 돌아와 삼십 분 알람을 다시 맞추고 더 잔다. 몸에서 보내는 신호를 그냥 받아들인다. 보통은 책상으로 가서 십분 타이머를 켜고 어제 읽던 책을 다시 펼친다. 유독 눈에 들어오는 문장 하나를 골라 적고, 떠오른 생각까지 블로그에 남기면 일단 하루의 시작은 성공이다.

이어서 일일경제지표도 확인한다. 기획재정부와 한국거래소 KRX 홈페이지에 올라온 자료이다, 경제신문을 읽다가 관련 기사의 출처까지 확인하면 6시 40분이다. 출근하려면 컴퓨터를 꺼야할 시간이다.

냉동실에서 밥을 담아 둔 글라스 락 용기 두 개를 먼저 꺼내 전자레인지 밥 버튼부터 누른다. 다시 냉장고로 가서 어제 사 왔던 반찬들을 식탁 위에 꺼내 놓았다. 파프리카, 무 새싹, 당근, 오이, 새우나 고기를 채 썰어 투명한 월남쌈에 돌돌 말아 담아둔 스프링롤이 그나마 남편의 건강식이다. 고소한 카라멜 색상의 땅콩 소스에 푹 찍어 먹는 게 아쉽지만 말이다.

빨간 고춧가루로 조려진 두부조림, 매콤달콤하게 볶은 고추장 멸치볶음, 나 혼자만 먹는 매콤하고 짭조름한 고추장아찌와 김치 뚜껑을 열어 식탁 위에 펼쳐놓았다. 황태국을 데워 작은 밥그릇에 두 국자씩 퍼 담았다. 전자레인지에서 밥을 꺼내고, 은수저까지 놓았다. 준비됐다. 남편 깨우러 간다. "여보, 밥 먹자."라는 소리에 남편이 침대에서 빠져 나와 한마디 한다. "왜 이렇게 피곤하지?" 어젯밤 샤워를 하고 잠이 들었는지, 뒷머리 한쪽이 들뜬 채로 국 한 숟가락 입에 넣고 텔레비전 리모컨을 찾아 아침 뉴스를 켠다.

어제 몇 시에 잤냐고 남편에게 물었다. 책상에서 졸다가 새벽 두 시쯤 잠이 들었다고 한다. 대개는 내가 잠든 뒤 한두 시간 후다. 내가 자정에 잠자리에 드는 날이면 남편은 한 시쯤 자러 왔고, 내가 한 시가 넘어 자는 날이면, 남편은 두 시에 잠이 들었다. 밤 열두 시가 넘으면 남편은 안 자냐고, 빨리 자라고 내게 재촉한다. 잠자는 시간이 아까운 건지, 혼자 하고 싶은 게 많은 건지 아무튼 내가 자야 남편은 그때부터 하루를 정리한다.

우리는 잠자리에 드는 시간이 달랐다. 신혼 초에는 남편이 나보다 일찍 일어나서, 늦게 자는 편이었다. 주말에도 일곱 시에 일어나 책상 앞에 앉아서 1,108페이지짜리『스티브 잡스』자서전을 읽는 모습이 멋있어 보일 때도 있었다. 내 경우에는 주말이면 오전 9시 30분에서 10시경에 일어나곤 했다. 그때 일어나 아침 먹고 치우면, 주말 오전은 내게 사라지고 없었다.

신혼 초부터 부지런하던 남편과는 달리 나는 마흔부터 자기계발에 관심을 두기 시작했다. 온라인 카페 활동을 시작했다. 부자로 성공하려면 미라클 모닝부터 시작해야 한다는 분위기였다. 그때부터 기상 시간이 달라졌다. 평일에 새벽 다섯 시 삼십 분에 일어나고, 주말도 루틴을 유지하려고 같은 시각으로 알람을 맞췄다. 내가 일찍 일어나기 시작하니 남편은 오히려 더 늦게 자고, 아침에 일어나는 시간이 늦어졌다. 잠드는 시간이 달라지니 다른 공간에 사는 느낌이 들 때도 있었지만 각자 혼자만의 시간을 지켜 주었다. 새벽의 고독 시간이 오롯이 내 것이라면, 한밤의 고독한 시간은 고스란히 남편의 것이었다.

부부가 함께 직장생활을 하니 퇴근하고 집에 와도 집안일은 그대로 남아 있다. 화성에서 온 남자, 금성에서 온 여자처럼 하고 싶은 게 다른 부부라 배우자 눈치 보지 않는 자기만의 시간이 서로에게 필요했다. 아무런 잔소리 없이 스트레스를 풀 수 있는 게임 시간, 집안일 대신 자기계발과 투자에 몰입하는 시간을 서로 인정해 주었다. 더 자라고 서로에게 잔소리하지만, 강제할 수는 없다. 자신의 의견을 전달할 뿐 상대방이 하는 일은 그대로 받아들였다.

결혼하면서 생긴 임무 중 하나는 내가 배고프지 않아도 남편 식사를 준비해 주는 일이다. 밑반찬만 꺼내 놓으면 밥맛이 없다며 밥 한 숟가락을 꼭 남기는 남편이다. 입맛에 맞는 메인 반찬이 하나라도 있어야 하니 메뉴를 신경 쓸 수밖에 없었다.

결혼 5년 차, 눈치 보지 않아도 되는 공식적인 자유시간을 얻었다. 미국 캘리포니아주 로스앤젤레스에 있는 한 대학교에서 일 년 동안 연구원 생활을 하게 된 것이다.

한국 식재료를 판매하는 'H 마트'에서 얼어 있는 어묵 한 봉지를 샀다. 간장 양념으로 어묵 반찬을 만들었다. 김치와 밥 한 공기로도 한정식이다. 맛살, 오이, 어묵, 단무지를 사서 도시락 반찬용 김에 바로 싸서 먹을 수 있도록 반으로 잘라 채를 썰어 통에 담았다. LA 김밥 재료다. 샐러드만으로 한 끼 해결할 때도 있었다. 하루 두 끼 먹어도 오후 네 시에 점심을 먹어도 상관없다. 잠을 늦게 자도, 새벽에 눈을 떠도 괜찮다. 언제든 나가고 싶을 때 나가면 되고, 언제든 쉬고 싶으면 하루 종일 집에서 쉴 수 있었다. 결혼하고 나서 다시 찾은 진정한 자유였다.

나 홀로 미국에 있는 동안 남편은 월요일 새벽이면 서울 집에서 출발해 강원도까지 지방 출장을 다녔다. 금요일 저녁이 되어서야 서울로 복귀했다. 카풀로 다니다 보니 식사도 선배가 가자는 곳에 말없이 따라다닐 수밖에 없었다. 일주일 동안 순댓국만 몇 번이나 먹었다고 한다.

일주일간 머물 숙소도 지정할 수 없는 모텔이었고, 보안시설에 드나들다 보니 개인 컴퓨터 장비조차 가져갈 수 없었다. 24시간 혹은 72시간 무중단 운영시험을 하는 날이면 한밤중에도, 주말에도 직장동료들이 진행 상황을 실시간으로 공유한다. 주말이라 집에 있어도 업무로 신경 쓰이는 환경에 노출되어 있었다. 혼자만의 시간을 모조리 회사에 빼앗긴 사람처럼 남편은 겨우 버텨내는 듯 보였다.

서른 살에 백만장자가 된 영국의 유명작가이면서, 우리나라에는 『레버리지』, 『확신』, 『결단』 등의 책으로 잘 알려진 롭 무어는 "무엇을 하느냐가 아니라 언제 하느냐가 중요하다." 라고 말했다. 우리 부부는 잠자는 시간도 다르고 운동하는 시간도 제각각이며 배고픈 시간도 천차만별이다. 신혼 초기에는 다른 수면시간으로 혼란스럽고, 불편하기도 했다.

우리 둘은 서로 맞추려 애쓰기보다는 각자의 컨디션을 존중하기로 했다. 자기만의 시간을 인정하고 나니, 서로의 분야에서 효율성과 생산성이 더 높아졌고, 몰입도가 깊어졌다. 서로의 입장을 맞추기 위해 노력하는 것보다, 각자의 입장을 존중하는 것이 두 사람 모두에게 득이 된다는 사실을 확인했다.

# 그래도 돼? 우리 집이랑 달라

대구 시댁에 가면 단골 반찬은 소갈비찜과 아들이 좋아하는 전, 며느리가 좋아하는 말린 가지나물, 말린 호박볶음, 도라지볶음 같은 나물무침이다. 가끔은 새우튀김, 탕수육, 스테이크와 수프까지 시어머니가 직접 요리했다. 탕수육을 집에서 만들어 주는 걸 보는 순간 넘사벽이라 생각했다. 샐러드에 김치, 깍두기도 물론 손수 만든다. 한정식집에 온 듯한 집밥이다.

시댁에서 내가 함부로 싱크대와 냉장고를 열어 요리한다는 건 민폐라고 생각했다. 왜냐하면 우리 집에 시어머니가 와서 여기저기 서랍을 열어보고 냉장고 들여다보는 기분이 어땠을까 생각해 봤기 때문이다. 내가 하는 반찬은 주로 감자볶음, 가지볶음, 어묵볶음, 카레, 된장찌개 정도다. 식재료를 그냥 기름에 볶기만 하는 요리가 전부인 나로서는 그냥 시키는 것만 제대로 하자 마음먹었다.

시어머니가 믹서에 간 녹두에 숙주와 고사리, 돼지고기 간 것을 넣어 재료를 준비해 주면, 나는 반죽 재료를 한 국자 퍼서 프라이팬에 올려 노릇노릇 구워내는 게 전부였다. 시어머니는 부침개 전문 며느리라고 불렀다. 메인 음식 두 접시, 각종 반찬을 덜어 담아내고, 포트메리온 식탁 매트 위에 개인 접시, 밥, 국, 물컵, 은수저를 놓았다. 우리 부부와 시부모님, 달랑 네 식구만 앉아도 식탁에는 반찬 그릇이 가득 찬다. 밥을 다 먹으면 과일과 후식, 커피까지 또 한 상이다. 우리 집과 다르다. 설거지거리를 싱크대에 모으니 그릇이 산더미처럼 쌓였다. 오랜만의 본가 방문에 시누이 부부까지 시댁에 오는 날이면 싱크대 상부 장에 있는 그릇을 모조리 꺼내는 느낌이다.

설거지 정도는 내가 해야겠다고 마음먹었는데, 시누이가 고무장갑을 끼고 설거지 하겠다고 나섰다. 시어머니는 "그냥 둘 다 들어가라. 내가 할게. 주방은 내꺼다." 라며 시누이와 나를 주방에서 내쫓는다.

시누이가 없는 날이면, 조용히 고무장갑을 끼고 내가 설거지를 한다. 집에서라면 설거지는 남편 몫이었다. 설거지만 하면 하면 손에 습진이 생겼기 때문이었는데, 시댁에서는 남편에게 밀어둘 수가 없는 탓이다.

아내와 엄마 사이에서 남편은 이러지도 저러지도 못 한 채 식탁 옆에서 안절부절 못 하고 서 있다.

안동 친정에 가면 반대다. "뭐 시켜 먹을까?" 밥때가 되면 먼저 나오는 말이다. 엄마는 건강이 좋지 않아 직접 요리를 하지 않았다.

"시어머니가 뭐 해주든?" 하고 엄마가 물었다. 부침개랑 갈비찜이랑 시어머니가 직접 만들어 줬다고 했더니, 엄마 아빠는 맛살과 햄을 자르지도 않은 채 통째로 길쭉하고 커다란 꼬치전을 해 주셨다. 남편이 채소를 별로 좋아하지 않는다고 했더니 오로지 햄과 맛살만 들어간 꼬치전이다. 된장찌개 간단히 끓이고, 농협에서 딸과 사위가 좋아하는 반찬을 사놓는다. 사위가 와도 음식 못 해 주는 마음이 미안했던지 평소 같으면 사 온 반찬 용기 그대로 꺼내 뚜껑 열어 둔 채 먹고 다시 덮어 냉장고에 넣었을 텐데, 딸들이 사놓은 그릇을 꺼내 조금씩 덜어 담아내고 한 상 차려 준다.

처음 맛보는 안동 스타일의 돼지고기 편육, 닭발 족편, 안동찜닭, 서울막창, 붕장어 회가 반찬이다.

안동만 가면 생각나는 음식이 몇 종류 있다. 어렸을 때 먹던 건 아니다. 부모님이 최근 발견한 맛집 음식을 포장해 와서 한 번씩 맛보여 준 음식이다. 딸, 사위가 좋아하는 식당에 데려가는 일도 많다. 한동안 엄마가 꽂혀 있던 매운 옛날 주꾸미, 착한 낙지집에 들르고, 어떤 날은 예천에 있는 백수식당에 육회비빔밥을 먹으러 갔으며, 가끔은 안동 불고기 식당, 신촌 닭백숙 식당에도 다녀온다. 대구 시댁에 가면 집밥, 안동 친정에 가면 외식이다. 처음에는 나도 남편도 서로 불편한 마음이 있었지만, 지금 우리 부부는 둘

다 배우자 집안의 음식 문화를 즐긴다.

서로 다른 집안 분위기는 하나 더 있다. 대구에 가서 음식을 나눠 먹고 나면 부모님은 "피곤하겠다. 방에 가서 쉬어라." 하는 거였다. 남편은 "방에 가자." 하며 나를 불렀다. 방에 가서 남편에게 그래도 되냐고 물었다. 얼굴 보여드리려고 대구에 내려왔는데, 거실에 나가 있어야 하는 거 아니냐는 생각이었다. 방에 들어가서 그냥 쉬라니 처음엔 적응이 안 됐다. 남편은 괜찮다고, 설거지하느라 고생했다며 한숨 자라고 한다. 시부모님이 볼일 있다고 두 분만 외출하면, 그동안 나는 꿀잠을 잤다.

안동에 가면 반대다. 안동에 가서 식사하고 방에 들어가 있으면, 엄마는 "윤정아, 여기 와 봐라." 하며 나를 호출한다. 전화로 물어보지 못 한걸 하나씩 물어본다. 친정에서는 가족들이 모두 거실이나 안방에 모여 있다. 비록 아무 말 하지 않고 텔레비전만 봐도 말이다. 그러니 집에 내려가면 얼굴 보여드려야 한다고 생각하며 자랐다.

시댁에서는 각자 방에 쉬는 게 익숙하니 남편에게 혼자 방에 그냥 있으라고 했다. 그래도 되냐고 남편이 물으면, 괜찮다고 해 주고 나 혼자 엄마 옆에 간다. 친가와 다른 처가 분위기가 피곤했는지 침대에 누워 있다가 남편은 잠이 들었다. 그냥 자도록 내버려 두었다. 서울 집에서는 서로 자라고 해도 잠들지 않던 우리 부부는 시댁이나 처가 부모님 댁에만 가면 왜 그렇게 자는지 모르겠다.

엄마는 자식이 어떻게 사는지 궁금해 했다. 결혼 전에는 막내딸인 나와 함께 몇 주 지내다가 안동에 내려가곤 하셨다. 결혼하고 사위가 생기니 자주 못 올라오니, 우리 집에 가도 되냐고 묻는 날이 생겼다. 시부모님은 큰 집에 볼일이 있을 때 가끔 서울에 온다. 당일치기로 서울에 올라왔다가 바로 대구로 내려가신다. 서울 다녀간다고 전화조차 안 할 때가 많다. 맞벌이라 당연히 우리가 낮에는 회사에 있지만, 하루 정도 아들 집에 들러보고 싶었을 텐데도 말이다. 본래부터 남편과 시부모님 사이는 그랬지만, 며느리 입장인 나로서는 내 눈치 보는 건 아닌지 마음이 영 불편하다. 엄마에게 전화하듯이 매일은 아니더라도 일주일에 한 번 정도는 안부 전화해야겠다고 생각했다. 할 말이 딱히 생각나지 않아도, 그냥 밥 드셨냐고, 건강 괜찮냐는 말뿐이라도 말이다.

퇴직을 앞두고 앞으로 계획이 뭐냐고 묻는 동료들에게 혼자 친정에 가서 부모님 댁에서 한 달 살기를 할 예정이라고 말했다. 왜 남편과 같이 안 가냐고 선배가 물었다. 바로 옆에 있던 H가 대답을 대신해 줬다. 남편이 나랑 함께 친정에 가면 나도, 남편도, 엄마도, 아빠도 모두 불편한데 왜 데리고 가냐고 말이다.

딱 맞는 말이었다. 대구든 안동이든 부모님 댁에 우리 부부가 내려가면 온 가족이 긴장 상태였다. 시댁에서는 며느리는 며느리대로, 아들은 아들대로, 시어머니는 시어머니대로, 시아버지는 시아버지대로. 친정에서는 딸은 딸대로, 사위는 사위대로, 장모는 장모대로, 장인 어른은 장인 어른대로 말이다.

가끔 친정에는 나 혼자 가고, 시댁에는 남편 혼자 보내면 어떨까 하는 생각을 했다. 모두가 평안하게 시간 보내는 방법이다. 신혼 초 우리 부부는 서로의 집안 분위기가 너무 달라 불편해 했지만, 가족 간에 오해가 생기지 않도록 각자 집안 분위기를 많이 공유하고, 배우자와 부모님 사이의 중간자 역할을 해 나갔다. 가족 전체가 행복해지도록 말이다.

# 누가 그러더라고

한동안 남편에게 꺼내는 대화 주제 95퍼센트 이상은 부동산 이야기였다. 부동산 공부를 하고 있을 때는 경제신문, 뉴스, 유튜브, 책, 블로그, 카카오톡 오픈 채팅방 활동 등 모두 부동산에만 꽂혀 있었다. 주식 공부를 시작했을 때는 주식 책 읽기에 몰입했고, 슈퍼 개미 유튜브 유료채널에 가입해 라이브 방송을 매일 녹화본으로 들었다. 퇴직을 한 뒤 할 수 있을 만한 사업 아이템도 유튜브에서 몇 번 시청했다. 우리가 가능한 일인지 깊이 생각도 해보지 않고, 남편에게 메시지로 계속 전달했다.

"우리 에어 비앤비 해볼까? 어떤 사람이 자기 집을 에어비앤비로 하고, 해외로 여행 한다더라."

"우리 공간 대여 해 주는 파티룸 창업해 볼까? 나중에 퇴직하면 우리 사무실로 사용하면 좋겠다."

"우리 무인 스터디카페 해볼까? 코로나 많이 걸리는 시기라도 요즘 스터디카페가 잘 된대."

"우리 고시원 창업해 볼까? 지인이 방이동에 고시원을 오픈해서 다녀와 봤어."

"우리 프린터카페 창업해 볼까? 잠실 리센츠 아파트 상가에 프린트 카페가 생겼대."

남편은 단칼에 말을 자른다.

"안 듣고 싶어. 자꾸 말 시켜서 집중이 안 된다. 이거 좀 들을게."

대꾸 없이 자료 찾는 일에 다시 집중했다. 다시 마우스를 쓱쓱 움직이며 어떻게 하면 사업화 하고, 수익을 낼 수 있을까, 혼자 자료 찾아 삼만리를 떠난다. 궁금증이 생겨 책도 주문하고, 구체적으로 수익화 하는 방법을 찾아봤다.


산오징어물회냉면이 맛있는 '최냉면집'에 들렀을 때다. 퇴직을 앞당기려면 '월급 대신 수익을 낼 방법이 뭐가 있을까?' 고민하던 시기였다. 테이블 간격이 좁아 옆에 앉아 있던 세 남자의 대화가 들렸다. 한 사람이 아이스크림 가게를 개점한 듯 보였다. 월급보다 수익을 낼 수 있는 사업을 창업하고 조기퇴직을 한 젊은이들의 유튜브를 본 적이 있었는데, 그래서인지 옆 테이블 대화가 예사롭지 않았다. 아이스크림 가게를 하면 얼마나 수익을 낼 수 있을까 궁금했다. 하지만 그게 얼마나 남겠냐고, 얼마나 힘들겠냐고, 겨울에는 어쩌겠냐는 남편의 반응에 회냉면이 갑자기 매워졌다.

1990년대 만화 『슬램덩크』가 인기였다. 만화책을 한두 권 본 적 있다고 하니, 〈슬램덩크〉 극장판 예매가 시작됐다면서, 볼 거냐고 묻는다. 같이 보기로 하고 예매 창을 열었다. 남편이 영화 보고 음악 듣는 걸 좋아해서 재테크 공부를 시작하기 전에는 한 달에 한두 번 이상 같이 영화를 봤었다. 영화관 MVP가 됐을 정도였다.

퇴직 계획을 세운 뒤로는 남편 혼자 영화를 본다. 마블 영화나 대작 영화인 경우만 일 년에 한두 편 정도만 같이 보는 정도로 바뀌었다.

남편은 자주 방문하는 인터넷 동호회에서 맛집 링크를 종종 내게 공유해 준다. 나 또한 이웃 블로거가 추천하거나 인스타그램에서 알게 된 맛집을 가끔 공유하고 시간 날 때면 그중 하나 골라 방문한다.

하루는 석촌호수를 돌다가 대기 줄이 길게 늘어져 있던 곱창집을 방문했다. 네이버 지도를 열어 어떤 메뉴가 인기 있는지 사진을 검색했다. 남들에게 잘 물어보지 못 하는 우리 부부는 매장 직원에게 사진에서 본 메뉴와 비슷하게 보이는 '청양고추 곱창' 2인분을 주문했다. 초록 고추와 빨강 곱창을 먹기 좋게 달달 볶아 주는 동안 주변 테이블을 둘러봤다. 우리보다 열 살, 많게는 스무 살 이상 어려 보인다.

다른 손님은 어떤 메뉴를 시켜 먹는지 살펴봤다. 메뉴는 비슷해 보였다. 5시 전에 방문했던 터라 여유 좌석이 있었는데, 식당 밖에는 대기 손님도 한 팀, 두 팀 늘어간다. 배가 고파 일단 말없이 조용히 먹었다. 술도 안 먹고, 밖에 사람이 있으니 남편은 마음이 불편한지 바로 일어나자고 한다. 계산하고 밖으로 나와 다시 석촌호수 방향으로 걸으며 남편에게 그 곱창집 다시 올 거냐고 물었다. "아니!" "나도!"하고 동참했다. 이십 대 입맛과 사십 대 입맛은 다른가 보다. 남들이 줄 선다고 다 우리 입맛에 맞는 건 아니란 걸 깨닫는다.

노벨경제학상을 수상한 행동경제학자 대니얼 카너먼의 『노이즈』에 따르면, 어떤 상황에 대해 판단을 하게 될 때 주변 잡음으로 판단이 흔들리기 쉽다고 한다. 즉 잡음을 제거하면 판단이 쉬워진다는 말이다. "누가 그러더라." "이게 좋데." 이런 말들이 상대에게는 오히려 소음으로 들릴 때가 있다. 누군가에게는 정답이라도 우리에겐 정답이 아니었다. 주변 잡음을 제거해야, 부부간 대화에 여유가 생겼다. 다른 사람 의견 대신 우리 부부의 이야기에 집중하니, 다투는 일이 사라졌고, 상처받는 일도 줄었다.

맞벌이부부가 살아가는 새로운 삶의 방식이란, 누가 그러더라고 할 때 남편은 아내에게 "정말? 그래? 사랑해!" 공감하고, 아내는 남편에게 "와~ 대단하다!" "고생했다!" "고마워!"라는 칭찬하는 것이 아닐까 한다.

송파 둘레길이 있다. 한강구간, 탄천구간, 장지천구간, 성내천 구간의 네 개 하천을 잇는 21km '순환형 산책로'다. 남편도 송파 구를 한 바퀴 돌아보는 것에 관심이 있었다. 한 번에 21km를 걷 기에는 무리라서 네 개 구역을 시간이 날 때 걷기로 했다. 비가 오 는 바람에 종합운동장 옆길에서 삼성역으로 빠져나가 걷기를 중 단했었다.

토요일 아침, 탄천구간 코스를 이어가는 게 어떠냐는 말에 남 편도 좋다고 하면서 따라나섰다. 종합운동장에서부터 걸어서 문 정법조타운까지 걸은 뒤 점심 먹고 대중교통으로 집으로 돌아오 는 코스다.

집에서 버스를 타고 종합운동장 앞을 지나 강남경찰서 앞에서 내렸다. 그곳에서 탄천으로 내려가는 길을 봤던 기억이 났기 때문이다. 송파 둘레길은 탄천을 중심으로 두고 송파구 둘레를 걷는 길이다.

강남운전면허시험장 앞쪽까지 걸어 내려왔지만, 탄천을 건너는 다리가 바로 보이지 않았다. 주변을 둘러보니 한강 방향으로 몇 백 미터를 걸어가 다리를 건너 다시 탄천길로 내려와야 했다.

남편은 확실한 길로 가자면서 이 길을 제안했지만 나는 카카오맵을 열어 지도를 펼쳤다. 탄천 방향으로 더 내려가면 건널 수 있는 다리 표시가 보였다.

지나온 길을 다시 돌아가는 걸 좋아하지 않는 나는 탄천을 따라 걷다 보면 다리가 나올 테니 그때 건너자고 했다. 그래야 걷는 거리가 줄어드니 말이다.

남편은 내 맘대로 하란다. 되돌아가고 싶지 않았지만 그래도 따라와 준 남편의 기분을 맞춰 줘야겠다는 생각이 들어서 내 주장을 굽히고 이번에는 남편 말을 들어야겠다고 생각했다. 그러자 남편은 오히려 반대다. 내가 하고 싶은 대로 하란다. 옥신각신하다가 결국 내가 처음 얘기한 길로 백여 미터 아래쪽으로 걸어가서 다리를 건너기로 했다.

강남면허시험장 앞쪽에는 분명히 다리가 있었다. 그런데 탄천을 건너자 끝에서 더 이상 사람이 지나갈 수 없도록 막혀 있다. '아···. 되돌릴 수 없다.' 그 다리 말고는 탄천을 건너는 다리가 금방 보이지 않는다. 다시 위로 올라갔다가 내려오기엔 너무 내려왔다. 남편은 그때부터 "내 말이 맞잖아!"를 외쳤다. 다리가 얼른 나오기만을 기다리며 조용히 발걸음을 재촉했다. 남편은 "다리가 안 나온다." "건너편 송파 둘레길은 반듯하게 포장도 잘 되어 있네, 여긴 길도 울퉁불퉁하잖아." "이상한 냄새도 난다."와 같은 불만 섞인 말을 연발한다.

여유를 즐기며 함께 하는 시간을 보내고 싶어 나왔지만 오히려 서로에게 스트레스를 받으며 한참 걸었다. 송파구가 아니라 강남구에서 버스를 내린 게 원인이었다. 드디어 다리가 하나 보였다. 옆으로 올라가 되돌아 건너야 해서 불편했지만, 드디어 송파 둘레길 입성이다. 그제야 나도 나지막한 목소리로 한마디 말을 꺼냈다. "다리가 나오긴 하잖아. 내 말도 맞지."

수십 년 동안 다른 가정에서 자라온 남편과 나는 알게 모르게 부모님의 영향을 받으며 자랐다. 거기에 각자의 고집이 더해져서 자기주장을 절대 굽히지 않는 날이었다. 서로를 무척 배려하는 성격이라도 이런 날은 타협이 없다. 아무리 '쿵짝'이 맞는 맞벌이 부부라도 말이다. 몇 분만 지나도 누구의 말이 맞는지 명백한 결과가 나온다. 어떤 날은 내 말이, 어떤 날은 남편의 주장이 맞다. 100퍼센트 한 쪽 말만 맞는 때는 없었다.

정기적으로 다니는 아산병원에서 전에 복용하던 약이 단종되었다면서 의사는 다른 제조사 제품으로 약을 변경하여 처방했다. 기존에 남아 있던 약을 다 먹고, 새로 받은 약을 먹었다. 바뀐 약을 먹었더니 배꼽 아랫부분이 아팠다. 이틀 정도 지나니 컨디션이 다시 정상으로 되돌아왔다. 석 달째에도 여전히 주기적으로 배가 아팠다. 남편과 외식을 하고, 산책하러 나가볼까 하다가 배가 아프니 쉬겠다고 말했다. 아직 장염이 낫지 않았느냐고 묻기에, 그렇게 많이 아프지는 않지만 바뀐 약 때문인지 주기적으로 장이 꼬이는 느낌이라고 말했다. 예약해 둔 병원 날짜는 아직 몇 달이 남아 있는 상태였다.

남편은 당장 병원에 전화하라고 한다. 개인적으로는 병원에 갈 때까지 약 먹으면서 참아야 한다고 생각하고 있었다. 오늘은 담당의사 진료 요일이 아니라 상담이 어려울 거라고 예상했다.

남편은 "내가 걸어줘?" 하더니 바로 병원 대표 번호를 눌렀다. 담당자는 외부에서 직접 통화할 수 있는 진료과 전화번호 안내는 어렵다면서 진료과로 대신 연결해 주었다. 증상 설명을 위해서 통화는 내가 직접 했다. 진료과 상담사에게 기존에 복용하던 약과 다르게 처방된 약을 먹었더니 복통이 있다고 말했다. 그러자 확인 후 다시 연락하겠다며 전화를 끊었다.

남편은 현재의 상황을 잘 설명하라고 지침을 알려 주었다. 의사가 '변경한' 약을 먹었더니 '아픈' 증상이 나타났음을 분명히 전하라고 말이다.

몇 분 뒤에 전화벨이 울렸다. 남편이 알려 준 대로 전달했더니 담당자는 다음 주에 의사 선생님과 직접 상담하는 게 좋겠다며 진료예약 일정을 잡아 주었다. 그냥 기다려야 한다고 생각하던 나와는 달리 남편 말대로 바로 전화로 상담하자 당장 조치할 수 있는 상황이 되었다.

남편에게 소식을 전했다. 남편은 "내 말이 맞지!"하고 자랑스러운 얼굴이었다. "응, 고마워. 자기 덕분에 다음 주에 예약했다." 남편에게 고맙다고 말해 줬다.

명절에 부모님 댁을 편하게 다녀오기 위해서는 기차표 예매가 필수다. 어쩌다 클릭 시간을 놓쳐서 기차표 예매 순서가 밀리거나 늦잠을 잔 날이면, 당일엔 표를 구하지 못 한다. 예약취소표를 잡아야 한다. 남편은 그게 쉬운 일이냐고 말한다. 물론 내게도 쉬운 일은 아니다. 그런데도 표는 늘 생겼다. 예매 결제 취소 시간을 확인하고, 대기표가 풀리는 시간도 알람을 설정해 두었다. 새벽에 왕창 표가 풀리는 경우도 본 적 있어서 자주 검색하다 보면 기차표를 구할 수 있다는 자신감이 나에게는 있었다. 적어도 하루이틀 전, 아니면 당일에도 SRT 앱을 열어 1초에 한 번씩 계속 새로고침을 하면 좌석 한두 자리는 취소표가 나왔다.

아침에 눈만 뜨면 SRT 앱을 실행했다. 예상한 대로 기차표를 구했다. 남편이 어떻게 구했느냐고 묻는다. "내가 구할 수 있다고 했잖아." 시댁 부모님이 서울에 올라왔다가 대구로 내려가는 날이었다. 일이 일찍 끝나서 빨리 내려갈 수 있는 상황이었지만 금요일이라 기차표가 없었다. 남편이 내가 했던 것처럼 SRT 앱을 열어 새로고침을 계속하더니 표를 구했다. 시부모님이 어떻게 구했느냐고 남편에게 물었다. 남편이 조용히 내게 말한다. "진짜 되네?"

신혼 초에는 온갖 그럴듯한 이유를 다 가져와 근거로 내세우며 내 주장을 펼쳤고, 그럴 때마다 상대는 자존심 때문에 더 굽히지 않았다. 11년을 함께 살다 보니 서로의 새로운 삶의 방식에 조금씩 맞춰가고 있었다. 이제는 자신의 생각이 맞아도 자신의 주장을 내세우는 대신 상대가 스스로 깨달을 때까지 기다린다. 시간이 지나면 누구의 주장이 옳고 그른지 판정이 나오고, 그때 딱 한마디면 된다. "내 말이 맞잖아!"

배우자에게 선택의 기회를 제공해도 괜찮다. 오히려 상대방의 자존감을 높여 주기도 하고, 자신이 주장한 의견에 대해 스스로 자각하게 만드는 계기가 된다. 꾹 참아준 상대방에게는 오히려 미안한 감정이 생기기도 한다. 가정이 평안해지는 방법은 그리 어렵지 않다. 진정한 자유와 평화에 대한 통찰력으로 스웨덴인들에게 사랑받는 비욘 나티코 린데블라드의 『내가 틀릴 수도 있습니다』라는 책 제목처럼 마음의 고요와 열린 생각으로 상대방이 답을 찾을 때까지 여유를 갖고 단 십 분이라도 기다려 주는 건 어떨까.

# 5년 뒤에는 말이야

일단 이름이랑 전화번호를 적어 두고 가라는 말이 전부였다. 몇 군데를 돌아다녀도 돌아오는 답변은 같다. 신혼 전셋집을 찾으러 다니다 보니 선배들은 도대체 어디에 살고 있는지 궁금증도 생겼다.

네이버 부동산 앱을 열어봤다. 평소 내가 살고 싶던 곳은 집 근처에 대형 마트와 재래시장이 있는 곳이다. 송파구 지도에서는 잠실동에 있는 트리지움 아파트가 눈에 들어온다. 결혼 당시 트리지움 25평형은 7억이 넘었다. 5~6년 차 평범한 직장인 예비부부 예산으로 매수하기에는 턱없이 부족했다.

회사 주변 단지를 찾아봤다. 마음에 드는 단지가 없다. 결혼 당시만 하더라도 남자 측이 집을 구하면, 여자는 가전제품 등의 신혼살림을 채워 넣는 분위기였다. 결혼 전까지 시댁 경제 사정에 대해 남편에게 물어본 적이 없다. 사정을 잘 모르니, 어떤 수준의 집을 구해야 할지 애매했다. 예비 남편과 상의해서 현실적인 금액대의 아파트를 찾아야 했다. 아직 결혼이 6개월 정도 남은 터라 시간적 여유는 있었다. 지금 와서야 알게 된 사실이지만 전셋집은 주로 만기 2~3개월 전에 내놓는 경우가 많았다. 처음 집을 구해 보는 거라 불안한 마음에 너무 일찍 전셋집을 보러 다녔었다.

다른 동네에 괜찮은 아파트가 있다면서 관심 있으면 보여 주겠다는 부동산중개사가 있었다. 직장과 지하철로도 다닐 수도 있겠다는 생각이 들어서 보여 달라고 했다. 주말에 약속을 다시 잡고 강동구 성내동에 있는 100세대 미만의 나 홀로 아파트를 방문했다. 큰길 옆이 아니라 골목 깊숙한 곳에 있는 작은 한 동짜리 아파트였다. 인터넷 카페에서 많이 보던 새하얗게 인테리어가 되어 있는 신혼집이 아니었다. 어두컴컴한 벽지에 빨간 꽃무늬 싱크대, 체리색 거실 인테리어는 살고 있는 사람의 취향에 맞춰져 있었고, 오랜 세월이 스며들어 있어서 금방 실망했다.

마음에 들지 않는다고 했더니 부동산에서는 또 다른 아파트를 소개해 준다. 이번엔 천호동에 있는 아파트다. 문화센터에서 만난 회원이 살고 있는 동네라고 해서 관심이 갔지만 유흥가가 근처라는 걸 알고는 포기했다. 알아보는 집이 점점 회사와 멀어졌다. 사실 돈이 문제였다. 가격에 맞는 집을 알아보니 어쩔 수 없다. "이렇게 집이 많은데, 왜 우리 집은 없지?" 집으로 돌아오면서 푸념만 늘었다.

집에 와서 마지막에 들른 부동산 중개사가 이야기해 준 동네를 지도에서 한 번 찾아봤다. 약 3천 세대가 넘는 대단지 아파트였다. 근처에 지하철역도 있었다. 재래시장도 있다. 지도상으로는 괜찮아 보인다. 예비 남편과 일주일 뒤에 방문했다. 전세로 나온 집이 없다. 부동산 소장님은 매매로 나온 집이 있으니 구조라도 보겠느냐고 묻는다. 궁금하니 가보겠다고 했다. 현관문을 지나서 거실을 가로질러 베란다로 갔다. 거실 창 한편으로 단지들 사이에 파란 강물과 'W'라는 글자가 보인다. 한강이다. W 호텔이다. 설렜다. 안방과 욕실, 주방, 작은 방까지 구경하고 부동산으로 다시 돌아왔다. 소장님은 구조가 어떠냐고 물으셨다. 마음에 들었다. 전셋집을 보러 갔다가 매매로 내놓은 집 구조를 봤을 뿐인데 갑자기 심장이 두근거렸다. "방금 본 집 얼마에요?" 하고 물었다. "삼억 육천오백만 원입니다." 예산 초과다. 송파구에서 본 전셋집은 이억 칠천만 원이었다. 구천 오백만 원만 더 있으면, 집을 살 수 있다. 자취하던 살림살이로 신혼생활을 시작하고, 혼수비용을 줄여서 집 살 때 돈을 보태야겠다는 생각이 들었다.

결혼하면 맞벌이다. 살아가면서 필요한 건 하나씩 마련하면 된다. 남편은 부동산에서 있었던 이야기를 시댁에 전달했다. 시부모님은 매수해도 괜찮겠다고 허락했다. 그렇게 우리 부부는 아껴둔 비상금까지 끌어 모아 신혼집을 매수했다.

직장까지 출퇴근하는 데 약 한 시간 정도가 걸렸다. 돈에 맞추려니 선택할 수 있는 지역은 조건이 나쁘다. 선택이 필요했다. 회사와 가깝고 깨끗한 전셋집보다는 낡아도 우리 집이면 좋겠다고 생각했다. 그리고 남편에게 선언했다. "우리 5년 뒤에는 송파구로 이사하자." 그렇게 5년 뒤 목표를 정했다. 어차피 이사할 테니 아파트 전체를 예쁘게 인테리어를 할 필요가 없었다. 조금이라도 아꼈다. 도배와 욕실 세면대, 변기만 교체했다. 주방은 싱크대 하부 문짝만 교체했다. 신혼집 인테리어는 그게 전부다.

시댁 큰아버지와 시아버지가 집을 보고는 바닥이 호랑이 줄무늬처럼 시커멓다고 한 소리 하셨다. 내 눈에는 데코타일도 원목 같이 보였다. 이상 없었다. 그렇게 신혼집은 최소한으로 꾸며졌고, 거실 창문에 서서 한강과 W 호텔을 바라보며 흐뭇한 시간을 보냈다.

살고 싶은 아파트는 매수한 첫 집 가격의 두 배였다. 여유롭게 5년 뒤에 목표를 달성하기 위해서는 부부간에 협력과 소통, 현실적이고 구체적인 목표 설정, 우선순위 설정, 휴식과 리프레시 그리고 유연성이 필요했다. 일 년에 적어도 육천만 원을 모아야 했다. 한 사람 급여만큼은 없다고 생각하고 저축했다. 조금이지만 매년 호봉 상승에 따라 월급이 올랐다. 월급 인상분만큼 적금통장 하나를 더 만들었다. 연말 성과금도 예금통장에 넣었다.

생활비는 매년 비슷하다. 이사라는 목표가 조금씩 현실적으로 다가왔다. 남편도 동의한 목표다. 이사라는 목표는 불필요한 지출을 자연스레 줄였다. 용돈이 적다는 남편의 불평도 이사 이야기를 꺼내면 조용해졌다. 다행히도 우리에겐 명품 욕심이 없다.

명품 가방, 비싼 옷은 우리 부부를 더 불편하게 만들었기 때문이다. 입사를 하 면서 샀던 아반떼를 17년 몰았다. 차는 우리 부부에게 이동 수단에 불과하다. 우리 부부에게 여유는 고급 뷔페 가는 것, 일 년에 한 번 일주일간 휴가를 내고 해외여행 가서 휴식과 리프레시 하는 것으로 충분했다. 더 많이 아껴서 저축 비율을 높였다면 이사하는 시기를 앞당길 수 있었을지도 모르겠지만 30대 후반인 나와 남편의 멋진 추억의 시간을 잃어버렸을지 모른다. 절대 절약만으로 보내고 싶지만은 않았다. 맞벌이부부의 '함께' 라는 삶을 누렸다.

욕심은 조금 내려놓았다. 너무 뜬구름 같은 목표, 극단적인 절약으로 지금, 이 순간의 행복을 놓치고 싶지도 않았다. 목표를 위해 현실적으로 가능한 비율을 저축하되, 월급의 10% 정도는 따로 모아 그 돈 만큼은 마음껏 여유를 부렸다.

2017년 5월 우리는 꿈에 그렸던 아파트로 이사했다. 맥 미니로 버티던 남편에게는 27인치 아이맥을 선물했다.

# 빨리 해

　각자 책상 앞에 앉아 우리 부부는 서로 빨리 하라고 부추긴다. 오늘 뭘 할 건지 먼저 말했다. 오후에는 교보문고에 가겠다고 하니, 남편은 거실에서 작업을 해도 되느냐고 묻는다. 저녁도 먹고 올 예정이니 실컷 작업하라고 했다. 서점을 가기 전까지 얼른 내 할 일을 하라고 말해 준다.

　나는 '타닥타닥' 기계식 키보드 소리를 내며 초고를 쓰기 시작했고, 남편은 아이맥에 이어폰을 꽂은 채 키득키득 웃으며 옛날 방송 영상을 시청했다. 몇 분 후에 남편은 왼쪽 컴퓨터 본체까지 켜더니, 시커먼 화면에는 무슨 코드가 주르륵 올라간다. 잠시 후 나는 외출을 할 예정이고, 남편은 거실로 나와 레트로 기기를 바닥에 모두 널어놓고 CRT 모니터를 연결해서 기기가 잘 돌아가는지 확인할 것이다. 우리는 각자 해야 할 일이 따로 있고, 서로 바쁘다.

어느 날, 남편이 텔레그램 메시지 하나를 보내 준다. "우울한 사람은 과거에 살고, 불안한 사람은 미래에 살고, 평안한 사람은 현재에 산다."라고 하는 문장이었다. "누가 한 말이야?" 하고 물어보니 모른다고 한다. 구글에서 찾아보니 '노자'의 글이었다.

한때, 나는 노후를 걱정하며 불안해 하며 살았고, 남편은 과거 옛 추억 속 물건을 수집하고 관리하면서 우울해 하곤 했다. 우리는 서로 다른 생각으로 살아갈 때도 있었다. 미래를 위해 자기계발을 하면서 독서도 같이 하고, 연간계획도 세우고, 앞으로는 어떻게 살아가면 좋을지 이야기를 나누면서, 재테크 공부도 함께하면 오죽 좋을까 싶었다. 그런데 남편은 꿈쩍도 안 한다. "혼자 해." 끝이다.

자기계발과 투자에 관심 있는 동료를 만나면 반대인 경우도 있다. 남편은 새벽같이 일어나 경제 공부를 하고, 주말이면 부동산 임장을 다니면서 시간을 아껴 쓰며 투자에 몰두하지만 아내는 남편이 퇴근하면 아이 목욕시켜 주고, 놀아주고 재워주길 바라는 듯 보였다. 내 남편도, 내 아내도 투자에 관심 있었으면 하는 부러운 마음은 서로를 향하고 있었다. 쌍둥이마저 다른 생각을 하고 사는데, 수십 년 다르게 살아온 아내와 남편의 가치관이 같아지는 건 쉽지 않다는 걸 인정했다. 배우자의 태도를 바꾸고 싶은 마음은 굴뚝같지만, 반대로 배우자 측에서는 오히려 나를 바꾸고 싶어 할지도 모르는 일이니 말이다.

결국, 우리 부부는 각자 자신에게 시간을 투자하기로 했다. 우리는 자신을 귀찮게 하지 않고 자기 할 일에 집중하는 상대를 더 좋아했다. 함께 살아가는 부부에게 자신만의 시간을 가지는 건 축복이었다. 부부는 각기 다른 인격체이므로 자기계발 목표 또한 다른 게 정상이다.

남편은 루리웹, 클리앙 등의 IT기기 커뮤니티, 추억의 구닥다리 커뮤니티 구닥동 레트로 제품, 옛날 방송, 영화, 음악 관련 유튜브에 관심이 많다. 나도 한때는 여행, 요리, 전자제품에 관심이 있었던 적이 있지만 퇴직을 준비하면서 취미가 바뀌었다. 지금은 자기계발, 주식, 부동산 등 경제경영 분야 블로그나 유튜브, 인스타그램, 오픈 채팅방을 주로 방문한다. 각자 하고 싶은 일을 찾아 자신만의 커뮤니티에서 보내는 시간을 가졌더니 배우자의 태도를 바꾸고 싶다는 생각이 더 이상 들지 않았다. 있는 그대로 감사할 수 있었다.

나 혼자 코로나 확진이 되었다. 이틀 뒤 남편도 코로나로 확진되었다. 엄마 아빠가 옆에 있었다면 이것저것 다 챙겨 주면서 아파서 어쩌냐, 안타까운 마음으로 보살펴 주셨겠지만 남편은 달랐다. 내가 먼저 아팠다가 조금씩 회복될 무렵 남편은 점점 더 아프기 시작했다. 조금 더 쉬고 싶었고, 조금 더 누구에게 기대고 싶었다. 그때 이런 생각이 떠올랐다. '아, 남편은 우리 엄마 아빠가 아니구나.'

외부로부터 받는 인정과 도움 대신 내 안에서 성취감과 실수하더라도 하나씩 도전해 보는 게 중요했다. 내 안에도 충분히 큰 거인이 들어 있었다. 내 안의 거인만 깨우기로 했다. 남편의 거인은 남편이 깨우도록 남겨 둔다. 오히려 내가 깨우는 거인보다 스스로 깨운 거인이 더 커질지도 모르니 말이다. 카드의 실속 정보만을 공부해서 좋은 점만 쏙쏙 챙기는 카드 체리 피커처럼, 부부로서의 실속 정보만 발견하여 좋은 점을 쏙쏙 챙기는 아내와 남편의 체리 피커가 되기로 했다. 배우자의 삶을 인정하면서, 빨리하라고 서로 응원하면서 말이다.

남편이 텔레그램 하나를 또 보내왔다. 하고 있던 일 때문에 메시지를 확인하지 않았었다. 남편이 보낸 건 성수동에 있는 모둠 곱창 전문점이다. 예전에 내가 좋아한다고 한 적이 있었는데, 그걸 기억하고는 자주 가던 커뮤니티에 올라온 맛집 링크를 보내준 것이다. 인스타그램이나 블로그를 보다가 사람들이 남긴 사진을 보고 남편과 함께 가면 좋겠다는 장소면 나도 네이버 지도에 즐겨찾기를 해 둔다. 그리고 우리 텔레그램 'Life 방'에 공유한다. 서로를 위해서라고 생각해서인데, 대박 메뉴를 찾아 서로 즐길 때도 있지만 "난 별로. 그냥 그러네." 라고 하는 경우도 많다.

비슷해 보여도 우리 부부는 기준이 조금씩 다르다. 공유해 주는 걸 상대방이 모두 수용해야 한다는 법칙 대신 자유롭게 "별로야, 싫다"고 이야기한다. 마음에 든다면 한 번 가보자고 약속한다.

'부를 끌어당기는 17가지 법칙'을 기록한 하브 에커의 『백만장자 시크릿』에 이런 말이 있다.

"부정적인 사람을 변화시키려 애쓸 필요 없다. 그것은 당신이 할 일이 아니다. 당신은 그저 당신의 삶이 더 나아질 수 있도록 배운 지식을 활용하면 된다. 그들에게 보여 주어라. 성공하라. 행복해져라. 어쩌면 그들이 문제를 깨닫고 따라 하고 싶어질지 모른다."

맞벌이부부에게 필요한 생활방식은 서로 맞춰 달라고 요구하고, 시키고, 남과 비교하며 지지고 볶으며 사는 게 아니었다. 그냥 두 사람의 존재를 있는 그대로 받아들이고, 서로 존중하는 걸로 삶이 편안해졌다.

오늘도 우리 부부는 함께 걷다가 힘들면 잠시 기다려 주고, 빨리 뛰어야 할 때는 서로 속도를 맞춰 달린다. 그렇게 자신만의 즐거움 찾는 한편으로는 서로의 페이스메이커가 되어 인생길을 가고 있는 중이다.

# PART 4

# 맞벌이부부의
# 조기 은퇴
# 시스템 구축

# 처갓집, 시댁에는 어떻게 말해야 할까?

남편 먼저 조기퇴직을 했다. 갑작스레 응급실까지 실려갈 정도로 건강이 나빠졌다. 다행히도 그동안 생활 방식을 유지하는 데는 내 급여만으로도 한 달을 살아갈 수 있었다. 우리 부부는 협의해서 남편의 '조기퇴직'을 결정했다.

그런데 문제는 부모님이었다. 어떻게, 언제 말해야 할지가 고민이었다. 시부모님은 남편이 입원해서 수술을 받았다는 사실을 알고 있었고 별말 없을 거라고 했다. 시부모님은 남편이 맡았지만 대신 장모와 장인어른에게 어떻게 해야 대처할지 난감해 했다. 사위가 직장을 그만두고, 딸 혼자 회사에 다니게 하면 처가에 볼 면목이 없다고 말이다.

친정 부모님이 남편의 퇴직 사실을 알면 걱정을 하게 될 가능성이 높다. 나도 알고 있다. 결혼 전 번듯한 직장에 다니던 형부들이 갑자기 퇴사했고, 언니들이 생활비를 벌었다. 그 모습을 본 엄마 아빠는 가슴 아파 했었다.

친정에는 당분간 퇴직 사실을 알리지 않았다. 명절이나 생일 같은 이벤트가 있는 날 친정에 가곤 했는데, 그때마다 남편은 가시방석에 앉아 있는 기분이었을 것이다. "회사 잘 다니지?" 라는 지나가는 인사말에도 나를 쳐다보면서, "네…." 하며 말끝을 얼버무린다.

엄마는 걱정이 태산인 사람이었다. 친정에 혼자 내려갔을 때 아빠에게 몰래 귀띔했다. 사위가 갑작스럽게 응급 수술을 받았다고 말하면 놀랄까봐, 지금은 괜찮아졌다는 말까지 덧붙였다. 남편이 회사를 그만뒀다고 말하기 전에 마음의 준비를 하도록 말이다. 아빠는 사위가 지금은 괜찮은지, 회사에서 스트레스를 많이 받았겠다면서 건강 챙기라고 말해 주었다.

그로부터 일 년이 지났다. 친정 부모님에게 우리 부부는 함께 출퇴근 중이었다. 나마저 퇴직 결심이 섰을 때, 엄마에게 말했다. 퇴직하면 나 혼자 친정에 내려가 한 달 동안 머물다 갈 거라고. 평소 막내딸 말은 '팥으로 메주를 쑨다'고 해도 믿어 주는 부모님이다. "알아서 잘 하겠지." 두 마디 하셨다. 한 달 동안 나랑 같이 있게 되었다는 소식에 엄마에게는 오히려 퇴직을 더 반기는(?) 분위기까지 느껴졌다. 남편의 퇴직 사실도 드디어 친정집에 툭 터놓고 이야기했다.

이제 내 차례다. 시어머니가 우엉 강정, 멸치볶음, 추어탕, 올갱이국, 김치, 소고기 등심, 호두를 말아 싼 곶감 같은 것들로 가득 채운 상자를 우리 집으로 보냈다. 혼자 일하는 며느리가 좋아하는 것들로 가득한 반찬 종합세트였다. 생일상 받는 기분이었다. 퇴근 후 냉장고 문을 열어보니 빈틈이 없다.

나조차 퇴직을 한다고 하면 어떤 반응을 보여 주실지, 시부모님 모습이 걱정되기 시작했다. 아들 며느리 둘 다 퇴직하면, 앞으로 어떻게 살아갈지 걱정할 테니 말이다.

이번에도 남편이 먼저 선수를 쳤다. 내 조기퇴직 가능성을 슬슬 흘렸다. '하고 싶은 게 많다. 직장 대신 다른 일을 준비하고 있다 등등.' 퇴직 전에 책을 출간한다는 목표로 글을 썼고, 2022년 6월 30일까지 출근을 할 예정이었다. 다행히도 6월 24일 출판사와 출판권 출판계약을 해 퇴직 후 며느리가 하는 일을 인정받을 수 있는 충분한 근거가 있었다.

퇴직을 하고, 시댁에 처음으로 인사하러 갔다. 아무리 남편이 시부모님에게 미리 이야기했다고 하더라도 나까지 그만두면 어쩌나 한마디 할까봐 내심 걱정이었다. 거실에 둘러앉았을 때, 말을 꺼냈다.

"저도 이번에 퇴직했어요."

"안 그래도 애네들이 회사 참, 오래 다녔다 싶더라. 그동안 수고했다."

시아버지 한마디에 걱정이 녹아버렸다. 시아버지가 시어머니에게 "그거, 가져와 봐."라고 하니, 안방에 들어갔다 나온 어머니가 조그만 주머니 하나를 건네 준다.

"그동안 수고했어. 이건 너희들 퇴직하면 주려고 하나 준비해 둔 거야."

작은 황금돼지 한 마리였다. 예상치 못한 일이었다. 받아야 하나 말아야 하나 잠시 고민했다. 선물을 주는 사람의 마음을 감사히 받았다. 나중에 급한 일 있을 때 쓰라는 시부모님의 정성이 담겨 있었다. 어떻게 말할까 조마조마한 마음으로 보냈던 일 년. 드디어 끝났다.

퇴직이 결정되면 아내에게, 남편에게, 그리고 부모님에게 어떻게 말해야 좋을지 고민이 생길 수 있다. 부부는 서로에게 먼저 자신의 고통을 이야기하고, 배우자에게 동의를 구하는 게 우선 필요하다. 그리고 앞으로 어떻게 살아가야 할지에 대해 구체적으로 함께 계획을 세운다. 당장 퇴직할 수 없어도 3년 후, 5년 후, 10년 후 퇴직을 목표로 삼아도 괜찮다. 마음의 병도 병이다. 돈 버는 게 중요하더라도 자신의 건강과 행복이 우선이라면, 퇴직하고 치료하는 게 우선이다. 돈을 많이 벌어야 행복한 것만은 아니다. 물론 돈도 많고 행복하면 더 좋지만.

한 달에 4만 달러라는 만족스러운 수입이 있었지만 일주일 내내 하루 12시간씩 일해야 했던 『타이탄의 도구들』, 『나는 4시간만 일한다』의 저자 팀 페리스도 견디다 못 해 새로운 전략을 짰다. 그는 일도 하면서 잠시 쉬어가는 '미니 은퇴'와 다른 사람에게 일을 일부 위임하는 '아웃소싱'을 통해 결국 원하는 곳에서 일하며, 살아갈 자유까지 선택하는 방법을 마련했다.

가족이라도 힘든 수준을 모를 수 있다. 혼자 스트레스를 받으면 우울해지고, 건강이 위험해진다. 하나씩 해결책을 찾는 것이다. 다만, 본인은 퇴직 결정으로 자유를 찾을 수 있을지 몰라도 대신 배우자나 부모님이 앞으로의 노후를 걱정하는 경우가 생길 수 있다. 현재 상황을 조금씩 풀어내면서 멈추기 위한 예행연습을 해보면 어떨까?

# 재테크 성과 공유하기

남편은 마지막 자존심이라 했다. 공인인증서 얘기다. 마지막 자존심이라는 말에 어쩔 수 없었다. 대신 나머지는 모두 공유하는 데 동의했다. 이번 달 월급이 얼마냐고 물으니 통장을 확인해서 끝자리까지 메시지로 보내 준다. 매월 얼마를 이체하면 되는지 남편은 내게 물었고, 백 원 단위까지 맞춰서 보내 줄 정도로 투명하게 협조했다.

매년 1월, 우리 집 연간재무 상황을 파악한다. 급여 인상분을 반영하여 일 년 저축액을 새로 정한다. 급여 실수령액의 50% 정도를 저축액으로 설정했다. 각자 통장에서 자동이체를 한다. 개인 급여통장에서 주택청약통장과 적금통장, 생활비통장으로 자동이체 한다. 나와 남편의 개인용돈 통장은 한 달 급여 중 결국

40만 원만 남는다. 공동으로 모은 돈은 생활비와 예비비로 분리했다.

다행히 급여 외에 추가 수입이 생기는 날도 있다. 예를 들면, 국내 출장비, 강사료, 평가비 같은 돈이다. 이것만큼은 개인이 자유롭게 사용하자고 합의했다. 사내 커플이라 숨길 수 있는 돈이 없기 때문이다. "한 달 동안 내가 일해서 번 돈인데 내가 하나도 내 대로 못 쓴다고?" 하는 억울한 감정을 사전 예방하고 셀프 동기부여를 하기 위해서다. 우리 부부만의 원칙이었다. 배우자 잔소리 없이 마음껏 쓸 수 있는 돈이다. 상대방에게 말하기 곤란한 개인 취미를 즐기는 용도다.

연차수당, 연말 상여금, 연말정산 환급비만 공공자금으로 모았다. 통장에 들어온 수령액의 10%는 개인통장으로 남기고, 남은 90%는 부부 공공자금용 예금통장을 만들어 목돈으로 뭉쳤다.

신혼 초에는 남편이 용돈이 적은 것 같다고 불평한 적이 있다. 결혼 전에는 월급을 받으면 혼자 마음대로 쓸 수 있었는데, 결혼 후에는 아내가 정한 저축 금액이 생겼고 반강제적 통제를 받아야 했기 때문이다.

점심은 회사에서 먹고, 아침저녁은 늘 나와 함께 먹는다. 출퇴근도 같이 했다. 함께 하는 비용은 모두 생활비로 충당하니 개인적으로 하고 싶은 일, 갖고 싶은 걸 쓰는 데만 용돈을 사용하는 것이다. 내 생각은 충분해 보였지만, 다른 사람들은 어떤지 궁금했다. 남편 입사동기에게 한 달 용돈이 얼마냐고 물어보니 20만 원이라고 했다. 남편에게 전해 주었다. 그 사건 이후로 남편은 더 이상 용돈 인상 얘기를 하지 않았다.

부모님 집은 두 달에 한 번 정도 방문한다. "둘이 맛있는 거 사 먹어." 라고 하면서 부모님이 용돈으로 오만 원, 십만 원을 건네 줄 때가 있는데, 그 돈은 특별한 경우가 아니면 내가 관리하는 'WY 가족통장'에 바로 입금하는데, 생일이나 특별한 식당에 가고 싶을 때, 생활비로는 부담이 되는 경우 'WY 가족통장'을 애용한다. 'WY 가족통장'에 넣어 둔 돈으로 둘이 맛있는 걸 사 먹는 날이다.

각자 돈 관리에 관심이 있으면 서로 의견교환을 하면서 조정하는 것이 가장 좋은 방법이다. 하지만 남편은 별로 관심이 없다. 결혼하자마자 1년간 각자 생활비를 갹출해서 써 보기로 했다. 하지만 이사를 하기 위해 저축해야 할 돈이 어느 정도가 모이는지 알기 어려웠다. 남편에게 재정관리를 해보겠느냐고 했더니 그냥 나보고 하라고 한다. 내가 더 돈 관리에 관심도 많고, 『4개의 통장』 책도 읽어 보며 실행했기 때문이다.

마침내 재정관리 계획을 세운 우리 부부는 이사를 위한 저축 금액부터 먼저 정했다. 목돈 마련과 노후 비용을 위해 모으던 적금과 예금, 주식은 각자 계좌에서 관리한다.

맞벌이부부는 통장을 통합해야 한다고 누군가 이야기한다. 하지만 증여나 세금 문제를 고려할 필요가 있다. 생활비 통장만 공유하여 각자 연말정산이 가능한 가족카드를 공용으로 사용하고,

종잣돈을 모아가는 과정은 개인통장에서 차곡차곡 모으기로 했다. 한 달에 한 번, 일 년에 한 번 이자를 확인하고, 지난달 대비 작년 대비 얼마의 돈이 더 모였는지, 이자는 얼마를 받게 되었는지 엑셀에 정리하여 가정 재무관리를 시작했다. 황금알을 낳는 거위는 각자의 통장에서 자라도록 했다. 본인 통장에 있는 돈이라고 마음대로 쓸 수 있는 건 아니었지만, 개인통장에서 종잣돈이 자라나는 모습을 지켜볼 수 있었기에 공동체 의식과 함께 소유의식까지 챙겨갈 수 있었다.

어릴 때부터 용돈 관리에 관심이 많았다. 대학교에 가면서부터 부모님께 받은 용돈으로 한 달을 살아야 하는 자취생활을 했었고, 공대에 입학한 관계로 컴퓨터에 익숙해 조금씩 용돈 기록을 엑셀 파일로 정리했었다. 그렇게 결혼 후에도 재무관리를 이어가면서 적금과 예금으로 종잣돈을 불려갔다. 혼자 모으는 돈보다 맞벌이부부라서 모이는 금액이 확연히 달랐다. 물론 돈은 각자 통장에 있었지만 우리의 통장이었기에.

1년 동안에 모이는 금액도 쑥쑥 자라났다. 결혼 초에는 당연히 집에 쏟아 부어서 수중에 남아 있는 돈이 없었다. 하지만 둘이 벌었으므로 한 사람 급여는 모두 저축하겠다는 계획을 세워 종잣돈을 모을 수 있었다. 이사를 하겠다는 목표 덕분에 종잣돈은 조금씩 우리의 조기퇴직을 앞당기는 마중물이 되어 주었다.

결혼 5년 차 이사 계획은 해외연수로 인해 일 년 미뤄졌다. 이사하려고 마음먹었을 때 부동산 시장이 갑자기 멈췄다. 매도하려던 집을 보러 오는 사람이 뚝 끊어졌다. 가격을 더 내리면 거래가 성사될 듯 보였으나 이사할 집에 줄 돈이 그만큼 줄어드니 가격을 내릴 수 없었다. 책을 통해 일시적 1가구 2주택 정책을 알게 되면서, 2년 후에 집만 파는 게 어떠냐고 남편과 상의했다. 집을 팔지 않으면 오천만 원 정도 돈이 부족하지만 그 정도는 대출받으면 될 것 같다고 말했다. 일 년 정도면 우리가 모을 수 있다고 판단했다. 미래의 돈을 당겨오는 것으로 결정했다. 투자는 처음이라 남편도 나도 걱정이 되었다. 하지만 일 년 후 아파트 시세를 남편에게 공유하니 "잘했다."라며 한마디 건네 준다. 우리 선택이 옳았다.

실거주 주택 마련을 위해 대출할 때도 각자의 통장에서 똑같이 대출을 받았다. 그리고 대출금 이자를 각자의 통장에서 이체되도록 만들었다. 우리 가족이 얼마의 빚을 가지고 있는지 알게 되고, 본인의 대출금은 본인이 갚아 나간다. 남편은 "퇴직하면 대출금을 다 갚을 수 있을까?" 하고 한편으로는 걱정도 했지만 다행히도 남편 명의의 대출금은 퇴직금으로 갚을 수 있었다. 남은 빚을 은행에 상환하니, 빚에 대한 남편의 무거운 짐도 사라졌다. 일 년 뒤에는 나 또한 퇴직금으로 대출금을 상환할 수 있었다. 그렇게 마음의 짐 하나마저 덜어냈다.

혼자 벌어서 퇴직하기엔 아무래도 몇 년 더 걸릴 수 있다. 맞벌이 부부가 각자 돈을 쓰면 두 배로 지출된다. 반대로 1/2씩 모으면 한 사람 몫이 쌓이는 효과가 있다. 혼자일 때보다 두 배의 속도로 종잣돈이 불어나는 비결이다. 종잣돈이 불어나는 속도가 부부 함께 조기퇴직을 앞당길 수 있는 속도다. 일하는 게 좋다면 더 많이 즐기면서 일해도 좋지만 여유로운 시간을 한 살이라도 젊을 때 함께 즐기고 싶다면 재테크 성과를 공유하면서 미래를 앞당겨 보는 건 어떨까. 부부가 서로 목표가 다르고 계획이 없다면 나와 배우자의 머니게임은 각자 할 수밖에 없다. 재테크 계획과 성과는 부부가 함께라는 점에 초점을 맞춰 본다.

월스트리트 저널의 찬사를 받은 경제경영 칼럼니스트 『돈의 심리학』 저자 모건 하우절 또한 중요한 재무 결정은 저녁 식탁에서 이루어진다고 말했다. 수익률을 극대화하기보다는 가족을 생각하며 결정을 내리는 게 중요하다고 말이다. 나에게만 옳고 배우자에게도 옳은 재테크 투자 전략을 찾아 보자.


남편에게 "당신은 좋겠다."라고 말했다.

왜냐고 묻는다.

남편 계좌로 주식투자를 해서 10퍼센트 수익이 났다고 말해 줬다. 사실 남편으로선 별로 달라질 게 없기는 하다. 남편의 자존심, 공인인증서가 퇴직과 함께 내게 넘어왔기 때문이다. 수익은 내가 가지라는 말과 함께.

# 오늘을 짠내 나지 않게 사는 법

"카드부터 잘라라." 재테크 관련 책이나 강연에서 제일 먼저 나오는 이야기다. 본인의 씀씀이를 잘 제어하지 못 하거나 종잣돈을 빨리 모으기 위해서는 현금을 사용하면 유리하다. 현금만 쓰기 어렵다면, 체크카드 정도까지는 사용해도 괜찮다.

최근 택시를 타면서 현금을 내밀었더니 운전기사는 잔돈 없다고 카드가 없는지 되물었다. 결국 오천 원이 채 되지 않는 택시 요금을 현금 대신 카드로 결제했다. 십여 년 전만 하더라도 현금을 사용하는 게 자연스러웠지만, 이제는 더 이상 현금을 받지 않는 매장이 늘었다. 무조건 현금만 쓰는 게 쉽지 않은 시대가 왔다.

반면 체크카드나 신용카드를 쓰더라도 스스로 지출 통제를 할 수 있다면 개인적으로는 체크카드, 신용카드를 활용하는 것도 재정관리에 도움이 될 수 있다고 생각한다. 결혼하자마자 재정관리를 담당하게 된 나는 우리 집안의 재정관리를 시작하면서 평범한 사람이 목돈을 만드는 가장 빠른 시스템이라고 주장하는 고경호 작가의 『4개의 통장』을 읽은 적이 있다. 4개의 통장은 바로 급여통장, 소비통장, 예비통장, 투자통장을 말한다.

재테크 카페에서 활발하게 활동하던 시절 '가계부 출판 TF'에 참여한 적이 있었다. 먼저 다른 유명한 가계부 책 세 권을 읽었다. 처음 재테크를 시작하는 사람들에게 매일 500원부터 21일 적금, 52주 적금, 18개월 적금 등 다양한 방식으로 재미있게 저축하는 방법과 작은 푼돈까지 아끼며 모아가는 『맘마미아 월급 재테크 실천법』, 슈퍼 짠돌이 부부 8쌍의 스토리가 담긴 『부자를 만드는 부부의 법칙』, 오늘의 절약이 내일 부자가 될 수 있다는 이보슬 작가의 『짠테크 전성시대』를 읽으면서 느낀 공통점은 바로 아끼고 절약하라는 내용이었다. 물론 생활비가 남으면 가족 힐링 비용으로 사용했다.

그런데 10년간 천 명의 백만장자들을 통해 본 새로운 부의 공식을 담은 루이스 쉬프는 『상식 밖의 부자들』에서 백만장자들은 지출을 줄인 것이 아니라 수입을 늘려서 재정적 성공을 이루었다고 말한다. 중요한 것은 더 많은 돈을 버는 것이라고. 루이스 쉬프는 "절약은 좋은 습관이지, 부자 되는 방법이 아니다." 라고 단언한다.

갑자기 팔에 소름이 돋았다. '평범한 사람과 부자들의 사고가 이렇게 다르구나!' 라고 느낀 날이었다.

우리 부부는 현재의 행복 미래를 위해 아끼지 않기로 했다. 최대한 아끼고 절약해서 빠르게 종잣돈을 모으는 게 중요하긴 하지만 젊은 시절에만 느낄 수 있는 경험도 소중하다고 판단했기 때문이다.

우리 부부가 함께 여유로운 삶을 즐기는 데 쓸 수 있는 '여유 통장'을 하나 더 마련했다. 전략적 절약으로 6년 만에 10억을 만들었다는 『부자로 가는 다리, 부릿지』의 김수현(아린) 작가는 우아하게 절약하고 과감하게 불리는 전략을 통해 '공돈' 통장을 활용했다고 하는데, 우리도 예산에서 아껴 남긴 공돈은 가계부에 반영하지 않고 사람들을 만나거나 우아한 생활을 즐기기 위한 돈으로 따로 모아서 사용했다.

무일푼에서 불과 2년 반 만에 백만장자가 된 하브 에커의 『백만장자 시크릿』에서조차도 '노는 데 쓰기 위한 통장'을 하나 더 만들어야 한다고 이야기한다. 바로 '놀이통장'에 소득의 또 다른 10퍼센트를 넣는 것이다. 소비를 줄여 남는 금액을 모으는 통장과 개념이 다르다. 삶이 '절약'에만 초점을 맞추게 되면 '스트레스'라는 반항이 나타난다. 아껴 쓰던 생활습관에서 모인 스트레스가 폭발하여 가끔 찾아오는 '지름신'으로 인해 악순환이 생기기 때문이다. 이를 예방하기 위해 하브 에커는 '놀이통장'을 이야기했고, 이는 바로 우리 부부의 '여유 통장'과 같은 개념이었음을 알게 되었다.

한 달에 한 번 정도, 우리 부부는 호텔 라운지에서 휴식시간을 갖는다. "럭셔리하네!"라고 생각하겠지만 사실 공짜로 이용하는 카페다. 정확히 말하면 공짜라고 할 수는 없지만 흔히 생각하는 만 오천 원에서 이만 원 상당의 비싼 커피값을 내지는 않는다. 신한카드의 '프리미엄 레이디 베스트 카드'가 제공하는 특급호텔 라운지 무료 음료 서비스 혜택 덕분이다. 또한 쇼핑 라운지에서 폴바셋이나 엔제리너스 등에서 무료 음료 두 잔을 마실 수도 있다. 이뿐 아니라 해당 카드 생활할인 혜택으로 주요 중심가 주차장에 무료로 주차한다.

예를 들어, 코엑스, 익선동, 명동거리 인근에 무료 주차를 이용한다. 남편과 함께 여유를 즐기기에 좋은 혜택으로 판단했기에 발급 중단 소식을 듣자마자, 남자인 남편에게도 '레이디 베스트 카드'를 신청하게 했다. 카드 한 장당 연회비는 20만 원이라 비싼 편이다.

하지만 일 년에 한 번 연회비를 내면 'Gift 옵션'으로 약 15만 원 상당의 롯데 상품권을 선택하여 받을 수 있다. 발급 초창기에는 호텔 식당 쿠폰을 받아서 일 년에 한 번 호텔에서 식사하기도 했다. 결국 진짜 연회비는 약 5만 원 정도다. 롯데백화점 상품권은 롯데마트에서 장을 보거나 롯데 계열사에서 외식할 때 사용한다. 카드 혜택을 받기 위해서는 한 달에 20만 원 이상을 사용해야 하는 제약사항이 있다. 비교적 이 금액은 자동으로 맞춰진다.

내 경우는 아파트 관리비와 핸드폰 요금 등의 고정비로 맞춘다. 카드 혜택을 받기 위한 충족 금액이 자동으로 넘어간다. 남편은 이 카드를 주력 카드로 사용하기에 카드 혜택을 위해 과도한 소비를 하지 않고도 혜택을 받을 수 있었다. 둘이 일 년에 10만 원 정도의 비용으로 매달 프랜차이즈 커피숍에서 커피 네 잔과 일 년에 각자 여섯 번의 호텔 커피 두 잔의 혜택을 누릴 수 있다. 합치면 총 열두 번의 호텔 커피숍을 방문할 수 있다. 우리 부부가 스타벅스에 한 번만 가도 요즘은 9,500원이 필요한데, 스타벅스에 열 번을 가는 대신 호텔에서 열두 번 여유 있게 특별한 시간을 느껴보기엔 최고의 가성비 카드였다.

혼수로 일리 캡슐커피 기계를 사고, 해외직구로 100개씩 캡슐을 한꺼번에 사서 한 잔에 700원 정도에 커피를 집에서도 자주 마시는 편이다. 그러다가 자리가 다닥다닥 붙어 있는 동네 커피숍이 아닌 가끔은 띄엄띄엄 푹신한 소파가 놓여 있는 호텔 라운지에서 차 한잔하는 날이면 나도 남편도 자세가 절로 느긋해지는 기분이다.

우리 부부의 생일은 6일 차이가 난다. 서로에게 선물을 하지 않는 대신 용돈이나 여유통장에 모아 둔 돈으로 일 년에 한두 번 정도는 평소에 자주 갈 수 없는 특별한 식당이나 카페를 방문한다. 여유를 즐기는 시간이다. 그날 하루는 과감하게 지갑을 열고 짠내 나지 않는 하루를 보내는 것이다. 미래의 어느 날, 부유해진 다음 즐기기 위해 현재, 오늘 충분히 누려야 하는 행복을 뒤로 미루고 싶지는 않다. 인생 후반전에 이르러 여유롭고 풍요롭게 보낼 수 있게 되었다 할지라도 오히려 후회로 돌아올 수도 있다고 생각하기 때문이다.

프리미엄 신용카드 연회비는 겉으로 보기엔 비싸 보인다. 그런데 어차피 고정지출이 있고, 소득의 10퍼센트 정도의 여유통장을 유지해 나간다면, 은퇴를 했을 때로 미루어 두었던 특별한 시간들을 조금씩이라도 맛보면서 생활에 활력을 제공하는 여유를 느껴볼 수 있다.

프리미엄카드 혜택을 꼼꼼히 살펴보면 평소 즐기기 어려운 여유로운 소비생활을 저렴한 비용으로 이용할 기회가 더러 있다. 물론 낭비하며 살라는 게 아니라 계획적인 지출을 하면서 조금의 여유를 보태 한 단계 높은 삶을 즐겨보자는 것이다.

사실 좋은 혜택이 있는 인기 카드는 금방 단종되는 경우가 많다. 이렇게 특별한 경험을 직접 해보면 마음이 달라진다. '아끼며 살아야 한다'는 하는 마음보다 '어떻게 하면 수입을 더 늘릴 수 있을까' 하는 생각의 전환이 이루어지는 것이다.

절약보다는 잃지 않는 투자를 통해 자산이 빠르게 늘어날 수도 있다. 그러면 목표를 더 앞당길 수 있다. 인생의 행복과 즐거움은 소소하지만 특별한 경험에서부터 시작되니 말이다.

# 단계별 퇴직 목표 설정

셀프 세금신고를 마쳤다. '평단지기독서'를 하기 시작한 뒤로 가장 먼저 한 일이다. 내일부터 가산세가 적용되기 때문에 반드시 끝내야 하는 한 가지이기도 했다.

회사를 그만두고 가장 좋은 점 중 하나는 내게 중요한 일을 먼저 할 수 있다는 것이다. 즉 오후는 자유로이 시간을 보낸다. 만약, 눈이 반쯤 감기면 침대로 가서 눕거나 잘 때도 있다. 누구 눈치를 볼 필요 없이 내 눈치만 본다. 세상에서 제일 편한 나만의 공간은 바로 내가 눕고 싶을 때 발 뻗고 눕는 침대와 소파다. 일명, 마약 침대다. "아, 행복해."라는 말이 저절로 나오는 곳이다. 마음대로 시간을 쓴다는 게 이런 거구나 싶을 때다.

일요일 밤이 되면, "내일 또 출근이구나." 하는 생각을 하는 사람들이 꽤 될 것이다. "주말 벌써 끝이야?" 하던 시간이 내게도 있었다. 아무 대책 없는 걱정과 신세한탄만 하던 시기다. 하지만 조기퇴직이란 목표를 세우자, 상황이 바뀌었다. 일 년에 하나씩 꾸준히 도전했다. '월요병'이 사라졌다. 주말은 집중해서 공부할 게 많아졌다. 직장에 출근해서 일하는 게 오히려 더 쉽게 느껴질 정도가 되었다.

지금부터 하루라도 빨리 퇴직하고 싶어 하는 당신에게 몇 년이라도 은퇴시기를 앞당길 수 있는 단계별 퇴직목표 달성 방안에 관해 이야기해 보려 한다. 가장 먼저 해야 하는 일은 자신의 상황을 파악하는 일이다. 다음 세 가지부터 먼저 확인해 보자. 객관적인 시각으로 자신을 바라볼 수 있을 것이다.

첫째, 퇴직 시기를 고려해 5년 단위로 현실적으로 필요한 금액을 계산한다.

직장에서 주로 장기 프로젝트의 경우 5년 단위 중기계획을 세운다. 현재, 5년 후, 10년 후, 20년 후 등으로 구체적으로 파악하면 앞으로 해야 할 일이 눈앞에 나타난다. 일 년 동안 필요한 생활비, 여가비, 병원비, 세금 등도 고려한다. 기록해 둔 게 없어서 잘 모르겠다면 지금부터 일 년 동안 가계부를 적어 봐도 좋다. 여든 살까지 산다는 기준으로 지금 나이를 빼고, 여기에 일 년 가계 예산을 곱하면 본인이 퇴직할 때 필요한 자금이 된다.

예를 들면, 일 년에 가계 예산으로 오천만 원이 필요하고, 80 – 40세=40세를 곱하면 20억 원이 필요하다는 얘기다. 여기에 거주

비용과 차량 교체 비용, 십 년에 한 번 가전제품 교체 비용 등 특별비용까지 별도로 고려한다. 자녀가 있다면 학업 시기별, 자녀 결혼 등 큰 이벤트도 반영한다.

둘째, 현재 상태의 가족의 재무제표, 보유 자산을 파악한다.

예금, 적금, 주식, 주택비용, 대출금액 등을 모두 기록한다. '뱅크샐러드'라는 앱으로 마이 데이터 사업 기반으로 각종 금융기관에 있는 자산을 한꺼번에 파악해 볼 수 있다. 또한 개인연금, 국민연금, 퇴직연금 등에 대해서도 수령 시기와 금액을 확인하면 퇴직 시기를 구체적으로 파악하는 데 도움이 된다. 우리 부부는 아이가 없는 맞벌이 딩크족(DINK)이었고, 실거주하는 집을 보유한 상태였다. 집을 살 때 대출금은 퇴직할 때 모두 상환할 수 있는 구조로 계획했다.

셋째, 퇴직 시기별 필요 자산에서 현재 보유한 자산을 뺀다.

이 금액이 퇴직 시기별 필요한 금액이다. 퇴직 이후 삶은 장기적인 관점으로 바라봐야 할 프로젝트에 해당하므로 5년 단위까지 구체적으로 계산하는 것이다.

퇴직 시기가 빠를수록 필요한 퇴직자금은 많아지고, 직장에 오래 다닐수록 필요한 퇴직자금은 줄어든다. 총자산에서 대출금을 뺀 금액이 순자산이다. 순자산도 세후 현금화 했을 때 얼마인지 파악해 보는 게 필요하다. 왜냐하면, 부동산을 소유하고 있다면 주택 수에 따라 매도를 해서 현금화 하면 예상보다 적을 수 있기 때문이다.

처음에는 어려울 수 있다. 욕심도 나고, 남들을 따라 정하는 경우가 많아서 목표 금액이 높다. 하지만 몇 년이 지나고, 자신의 꿈을 현실로 가져오면서 현실적인 퇴직 금액으로 바뀐다.

퇴직자금을 빠르게 모을수록 퇴직 시기는 당연히 앞당길 수 있다. 그런데, 근로소득만으로는 퇴직자금을 계산하면 이걸 언제 모으나 싶을 거다.

하지만 방법이 있다. 근로소득을 자산소득으로 조금씩 이동하면서 저절로 자산이 불어나는 방법을 배우는 일이다. 마음 조급해지고, 현실적으로 접근하면 사실 쉬운 일만은 아니다. 그렇다고 마냥 두고만 볼 것인가. 5년 단위로 목표를 장기적으로 세웠더니, 마음에 여유 자리가 생겼다. 장기적인 시각으로 자신의 목표를 정한 뒤 한 단계씩 밟아가는 일이다.

1단계는 근로소득(사업가라면, 사업소득)을 통해 종잣돈을 모으는 일이다.

종잣돈은 '저축'부터 시작하면 되는데, 자신의 가치에 집중해서 근로소득을 높여나가는 단계가 필요하다. 전문성을 기르면 근로소득이 높아진다. 내 경우에는 대학교를 졸업하고 대학원에서 석사, 박사학위를 받았다. 대학교에서 십 년간 전문성을 길렀다고 볼 수 있다. 입사와 동시에 선임연구원이 되었다. 석사학위만 받은 연구원은 초봉이 4호봉이었지만 박사학위를 받은 사람은 13호봉에서 시작할 수 있었다.

2단계는 근로소득을 자산소득(주식, 부동산, 금, 달러, 채권, 저작권 수익료 등)으로 하나씩 바꾸는 일이다.

'저축'을 통해 모은 종잣돈을 '투자'로 이동시키는 일이다. 근로소득 일부는 저축하여 종잣돈으로 모은 뒤 자산소득으로 바꿔 나가며 투자 대상을 사고 팔면서 눈덩이를 키우 듯이 '스노우 볼' 전략을 활용한다. 이십 년, 삼십 년 이상 바라보며 근로소득의 일정 비율은 복리의 마법 효과를 볼 수 있도록 장기투자 측면으로 모아가는 전략도 필요하다.

3단계는 종잣돈을 모아 자산소득으로 바꿔나가기 위해 독서, 강연, 모의투자 등으로 부자의 그릇을 키우는 과정이 필요하다.

부자의 그릇이란 신뢰와 투자 금액이다. 13년간 주식으로 단한 해도 손실을 본 적 없는『전설로 떠나는 월가의 영웅』저자 피터 린치는 꽃을 뽑아내고 잡초에 물을 주는 상황을 비유했다. 좋은 기업을 사면 일찍 팔지 말고 보유하고 있어야 수익이 극대화되는 걸 알려 준 것이다.

사람마다 상황이 천차만별이고, 버티는 힘이 다르다. 퇴직하면서 받은 퇴직금 일부를 떼어 약 2~3년간 생활비 걱정 없이 살아갈 수 있는 생활비와 예비자금을 따로 보관하기로 했다. 나머지

금액만 투자금으로 활용한다. 2022년 같은 모든 자산 군의 하락 시기가 왔을 때 버티는 힘, 부자의 그릇을 키워야 하기 때문이다. 즉, 신뢰를 배우는 공부를 거치면서 1단계에서 모은 종잣돈을 키워나갈 수 있었고, 투자수익도 조금씩 높아졌다.

종잣돈 모으기와 굴리는 일, 자산소득을 만들어 가는 일은 처음부터 모두 알고 시작하는 건 사실 불가능하다. 독서와 강연, 경제지표 등을 모니터하면서 일 년에 하나씩 배우고 익혔다. 점차 주변 소음에 쉽게 흔들리지 않게 되었다. 신뢰와 자신감도 생겼다. 배우자의 신뢰는 투자 성과를 보여 주었더니 저절로 얻을 수 있었다. 시간에 따른 경제 순환 과정을 몇 년간 직접 지켜봤고, 자산 일부가 투자된 경우라면 사이클이 현재 상승추세인지, 하락추세인지 확인하기 쉽다. 간접적으로 하나씩 배우는 것보다는 자기 돈에 대해 수익이 생기고, 손실이 발생할 때 피부로 느낄 수 있는 경험이 바로 살아 있는 공부였다.

데이터 과학자이자 자산관리 전문가로 알려진 닉 매기울리의 『저스트 킵 바잉』에 "우리는 성장주로 시작해서 가치주로 인생을 마친다"고 나와 있다. 파이어 프로세스도 급여 수령부터 부동산, 주식, 사업, 연금 단계로 진행한다. 모두에게 이 방법이 무조건 정답이 될 수는 없지만 우리 부부의 성격과 자산보유 금액, 가족 구성원에 따라 정했다. 각자의 상황에 따라 순서가 달라질 수는 있다. 세상의 모든 자산군 중에서 현금(생활비, 예비비), 부동산, 주식, 국민연금(채권)만으로 관리하기로 했다. 왜냐하면 자산 배분과 시간적 자유, 제2의 인생을 즐기기 위해서는 인생 후반부로 갈수록 신경 덜 쓰는 계획을 세웠기 때문이다. 돈이라는 유혹을 이겨내고, 시간의 자유를 더 소중히 여기기로 다짐한다. 준비기간이 쌓여갈수록 조기퇴직 프로젝트의 시기와 목표에 변화가 생긴다.

하지만 단계별 조기퇴직 목표설정 프로젝트가 구축되어 있다면, 당신도 다가오는 조기퇴직과 노후에 대해 두렵지만은 않은 사람이 되리라 믿는다.

# 아티스트 데이트 다녀올게

'평일에 강남 교보문고 다녀오기.'

직장을 그만두면 하고 싶은 일이 뭐가 있을까? 죽기 전에 하고 싶은 버킷리스트 100개를 적어 봤다. 퇴직하면 해야지 생각하면서.

그런데 버킷리스트를 들여다보니 이걸 언제 다 해보나 싶다. 오히려 울적해지는 기분이었다. 지금 당장 할 수도 없고, 마음만 바쁘고 지치는 기분이 들었다.

나는 아트 문구류가 있는 핫트랙스 매장이 보이면 지나치지 못하고 쑥 들어가곤 한다. 핫트랙스 매장은 교보문고 바로 옆에 붙어 있는데, 직장에서 사무용품 신청할 시기가 되면 반짝이는 눈빛으로 핫 아이템을 찾아다니곤 했다. A5 크기의 노트형 포스트잇, 주간계획표, 예쁜 메모지, 필기감이 좋은 펜, 예쁜 노트 등의 문구용품들을 촬영한 뒤 인터넷에서 상품명을 검색해서 제출하면 며칠 후 담당자가 한꺼번에 구입해 책상 위에 놓아둔다.

중고등학교 시절에도 3mm 하이테크 펜을 색상별로 가지고 다녔고, 형형색색 색연필이 필통에 가득 했었다. 대학교, 대학원 시절을 거쳐 직장에서도 그다지 달라지지 않았다.

2016년 12월 24일, 크리스마스이브였다. 남편이 영풍문고에 들르자고 했다. 핫트랙스가 없다. 남편을 따라 함께 서점으로 갔다. 남편에게 보고 싶은 책을 고르라고 하고서 인기도서 코너와 소설책 코너를 둘러봤다. 몇 년 전 선배 아내가 좋아한다는 프랑스의 서스펜스 소설가 기욤 뮈소의 책을 읽어 본 이후로 신간이 나올 때마다 한 권씩 사서 읽곤 했다. 마침 서점에 신간이 있다. 크리스마스 연휴에 읽으려면 지금 사야 했다. 책 한 권 집어 들고, 인기도서에 어떤 책들이 있나 둘러 봤다.

책은 대부분 인터넷 서점에서 구매했다. 오프라인 서점에서 책을 사서 본 건 신입사원 시절 직장생활이 두려워 강경희의 『당당한 대화법』, 내넷 가트렐의 『현명한 그녀는 거절하는 것도 다르다』, 오쿠시 아유미의 『말 잘하는 사람이 이긴다』가 전부다. 그 뒤로 오프라인 서점에 들어가 책을 둘러 보았던 일은 한 번도 없었다.

인기도서 가판대 앞쪽에 놓여 있는 책의 제목들에 시선을 빼앗겼다. 기시미 이치로의 『미움 받을 용기』, 김유라의 『나는 마트 대신 부동산에 간다』, 너바나의 『나는 부동산과 맞벌이 한다』 책은 읽고 싶은 생각이 드는 제목들이다. 한 권 집어 들고 저자소개와 목차를 훑어 봤다. 아이 셋을 키우는 전업맘이 부동산에 투자해 3천만 원으로 6년 만에 아파트 15채를 보유하게 되었다는 문구가 훅 들어왔다.

온라인 마트에서는 필요한 것, 사고 싶은 것만 골라서 산다. 하지만 대형마트에 가면 주변에 놓인 1+1 제품이나 사고 싶은 물건들이 눈에 잘 띄게 놓여 있어서 그냥 쉽사리 나오지 못 한다. 서점도 마찬가지였다. 온라인에서는 '말 잘하는 법'을 키워드로 검색해서 찾아 구매하지만, 오프라인 서점에 갔더니 제목과 표지가 눈에 들어오는 게 훨씬 많았다. 처음 오프라인 서점에 방문한 날은 영풍문고였지만, 남편이 교보문고에 가면 나도 따라 가게 되었다. 핫트랙스보다 교보문고가 더 좋아진 것이다.

우리 부부는 서점에 가면 각자 보고 싶은 책이 있는 코너로 흩어진다. 그리고 나는 나대로, 남편은 남편대로 책을 구경하고는 먼저 구경을 마친 사람이 배우자가 좋아하는 책 판매대로 찾아간다.

남편은 레트로 제품을 좋아한다. 일산 킨텍스 매장이나 신도림 역 등에서 일 년에 한두 번 열리는 중고 판매 거래가 있는 날에는 혼자 다녀온다. 신혼 초에는 무조건 배우자와 함께 모든 걸 해야 한다고 생각하곤 했다. 그러다 보면 한 명은 다른 한 명의 시간을 빼앗아서 미안한 마음이 들 때도 있었다. 영화 보는 걸 각자 좋아하지만 남편은 한 번 더 보고 싶어 하는 영화도 있었고, 내가 로맨스 영화를 보고 싶을 때는 괜히 남편의 눈치가 보일 때도 있었다. 그러다가 내가 자기계발과 재테크에 관심을 두기 시작하면서부터는 영화 보는 시간이 아까워졌다. 영화보다 퇴직 준비를 위해 공부하는 일이 더 중요해졌고, 공부하는 게 더 재미있었기 때문이었다. 남편에게 혼자 영화를 보고 오라고 했고, 남편도 더 이상 내 눈치 보지 않고, 혼자만의 시간을 보낸다.

'나를 위한 12주간의 창조성 워크숍'을 펴낸 소설가이자 시인, TV프로듀서, 영화감독, 문예창작 강사, 작곡가 등 다재다능한 예술가로 활동한 줄리아 카메론은 『아티스트웨이』에서 '아티스트 데이트'를 시도해 보라고 했다. 아티스트 데이트란 매주 두 시간 정도 시간을 정해 두고, 창조적인 의식과 내면의 아티스트에게 영양을 공급하는 놀이다. 소풍 같은 것, 즉 미리 계획을 세워 모든 침입자를 막아 자신과 내면의 아티스트만 데이트를 즐기는 일이다. 친구, 배우자, 아이들 그 누구도 데려가지 않고 하는 데이트.

이 용어에 대해 알게 된 뒤로는 매주 하루 반나절 혼자만의 시간을 가지려고 노력한다. 요즘은 문구제품보다 책을 보는 일이 더 좋아져서 일주일에 한 번 이상 '참새방앗간'이 된 교보문고로 산책을 간다. 서점에 가서 그동안 궁금했던 분야의 책을 찾아보거나 어떤 새로운 신간이 나왔는지, 인기도서는 어떤 책이 순위권에 올라갔는지 지난주와 비교해 보면서 놀다가 오는 길에 바로 옆에 있는 핫트랙스 매장도 실컷 구경한다. 가끔은 올림픽 공원을 걸으면서 혼자만의 생각을 정리하는 시간을 즐기기도 한다.

부부가 동시에 조기은퇴를 하게 되면 집에서 함께 보내는 시간이 많아진다. 아침부터 저녁까지 무조건 부부가 함께해야 한다는 생각을 내려놓을 필요가 있다. 각자 하고 싶은 일이 같을 수는 없다. 때로는 혼자만의 아티스트 데이트를 즐길 수 있어야 하고, 반드시 즐겨야 한다. 그렇게 해야만 각자 행복하며, 함께 행복한 삶이 된다. 줄리아 카메론의 이야기를 빌리자면, "나 자신을 보물처럼 대하면 나는 강해질 것이다." 스스로 강해져야, 부부관계도 더욱 단단해지며, 서로가 마음의 평안을 나눌 수 있는 것이다.

아티스트 데이트는 퇴직을 한 뒤에만 가능한 일은 아니다. 하루 연차나 반차를 내는 것만으로도 내면에 쌓인 엉켜 있는 무언가를 풀어버리기에 충분한 시간을 확보할 수 있다.

100개의 버킷리스트를 적어 놓은 뒤 어느 날 들여다보니, 지금 당장 해볼 수 있는 일이 꽤 많다는 걸 깨달았다. 나중을 위해서가 아니라 바로 지금 나에게 미니 은퇴를 한 듯한 하루를 선물하여 혼자만의 휴가를 보내는 건 어떨까. 뮤지컬이나 연극 혹은 영화를 혼자 보러가도 좋고, 붐비는 주말이 아닌 한적한 평일에 전시회나 공원, 붐비지 않는 한적한 야외의 주변 카페를 찾아가 책을 읽어도 좋다. 우리 모두 자신의 삶을 창조적으로 살아가는 예술가이기도 하니까. 자신에게 활력을 주는 시간, 반드시, 반드시, 반드시 내어 보길 바란다.

# 아, 오늘 공휴일이구나

"오늘이 무슨 요일이지?" 수요일 오후 정도가 되면 직장인들은 정신적, 육체적으로 지쳐간다. 그러다 목요일이 되면 "그래, 하루만 더 버티면 토요일이니까." 라는 생각에 다시 기운을 낸다.

직장을 그만두고 집에 있는 우리 부부는 요일을 자주 잊어버린다. 군이 요일 체크를 할 필요가 없어졌기 때문이다. 하루는 점심을 먹기 위해 근처 '맛집'을 찾아갔다. 주말이라면 손님으로 넘쳐나서 힘든 곳이지만 평일이니까 사람이 적지 않을까 싶어서였다. 식당 앞에는 대기 줄이 길게 늘어서 있었다. 깜짝 놀랐다. "오늘은 왜 이렇게 사람이 많지?" 남편과 이야기를 나누다가 그날이 공휴일이었다는 사실을 알게 되었다. 직장인이라면 주말이나 퇴근 후, 저녁시간에만 갈 수 있었던 식당이었다.

우리는 이제 사람이 붐비는 시간을 피해 평일 오후 1시 30분쯤

늦은 점심을 먹으러 가거나 5시 전후로 조금 이른 저녁시간에 맞추어 눈여겨 봐 두었던 맛집을 찾아간다. 물론 맛집이라고 해도 기다리지 않고 식탁으로 바로 갈 수 있다.

동네 지인들과 오랜만에 커피타임을 가지기로 했다. '달'님은 대기업 직장인이다. 퇴근하고 저녁시간에 모일 수 있다. '꾸'님은 남편 승진시험을 앞두고 있었다. 아이를 돌보느라 시간 내기가 어려웠는데, 다행히 남편 시험이 끝나서 시간을 낼 수 있다고 했다. '따'님은 대치동 학원으로 딸아이를 데려다 주고 데려 온다. 수요일과 목요일만 시간이 빈다고 했다. 결국 수요일 저녁 7시에 석촌호수 인근 카페에서 만나기로 했다. 오후 두세 시 정도, 햇살이 내리쬐는 호수 카페에 모여 앉아 오붓하게 차를 마시고 이야기 나누는 모습을 상상했다. 현실은 아이들 교육과 직장에 다니는 동료들은 여전히 바빴고, 그들과 만나기 위해서는 여전히 직장인 모드다. 저녁시간이나 주말 약속이 대부분이다.


블로그와 인스타그램을 시작했다. 매일 블로그에 글을 포스팅하고, 인스타그램 피드를 남긴다. 하루는 아이디어가 넘쳐서 블로그에 정보성 글을 가득 담아서 발행했다. 그런데 조회수가 나오지 않았다. 왜 그럴까 생각해 보니 공휴일이었다. 주말이나 공휴일에는 SNS도 쉬는 듯 보였다. 직장인처럼 일요일 밤부터 SNS로 출근한다.

퇴직 이후 한두 달 정도는 무계획으로 자유롭게 시간을 보냈다. 부모님 댁에서 한 달을 보내니, 먹고 자고 먹고 자는 일이 대부분이었다. 아침에 일어나는 시간도 알람 없이 자연스레 일어나고 싶을 때 일어났고, 밤에 잠들 때도 새벽 한 시, 새벽 두 시까지 하고 싶은 일을 하다가 잠이 들었다. 늦잠을 자는 때도 있었다.

그런데 시간이 지나면서 자유로움이 오히려 죄책감이 들고 불안했다. 직장에 다니면서 새벽시간과 점심시간, 퇴근 이후에 몰입하여 자기계발하며 성취감을 느끼던 것에 비해 만족스러움이 줄었다. 주변에 비슷한 시기에 조기퇴직을 결정한 사람들의 블로그 글을 우연히 읽었다. 나와 비슷한 감정을 보였다. 뭔가 자유를 만끽하는 듯하지만 뭔가 아쉬워하는 듯한 기분 말이다. 아마 자기 주도적으로 계획에 따라 살던 사람들이 아무런 계획 없이 시간을 무료하게 보내는 것에 대해 자기 자신에 대한 죄책감이 들었던 게 아닐까.

방법은 하나다. 퇴직 라이프에 대한 계획을 다시 세우는 일이다. 직장에 다니듯 치열하게 계획을 분, 초 단위로 계획할 필요는 없지만 아침, 점심, 저녁 시간을 기준으로 네 개의 시간 그룹으로 나누었다.

첫째, 새벽에 일어나 아침식사 전까지 '나'에게 집중하는 시간이다.

독서를 통해 새롭게 받아들이고, 내 생각 기준으로 한 번 걸러 정리한다. 다음으로 하루 또는 일주일 동안 하고 싶은 일과 할 일

목록을 점검한다.

둘째, 아침을 먹은 후에 점심식사 시간 전까지는 직장생활을 하듯이 반드시 해야 하는 일에 집중하는 시간이다.

퇴직 이후에도 반드시 해야 하는 일들이 생긴다. 내 경우는 글쓰기를 시작했기에, 오전에는 글을 쓰거나 세금 신고 등 반드시 챙겨야 하는 일들을 오전에 계획한다.

셋째, 점심을 먹은 후에 저녁식사 시간 전까지는 여유와 오락, 소통을 위한 시간이다.

남편과 함께 점심을 먹고 맛있는 카페에 들러 커피를 한 잔 하거나 독서를 하거나 산책한다. 일주일에 한 번은 점심을 나가서 먹고, 드라이브도 하면서 이웃 동네를 산책한다. 그리고 집으로 돌아와 재활용 쓰레기를 남편과 함께 버리는 시간도 포함되어 있다. 오롯이 나 혼자만의 아티스트 데이트를 즐기는 시간도 오후 시간에 포함한다. 온/오프라인 커뮤니티 활동을 즐기면서 다른 사람들의 생각도 엿보고 댓글로 응원도 해 주는 시간으로 활용한다.

넷째, 저녁을 먹은 후부터 잠들기 전까지는 이번 주에 할 일 중에 중요한 한 일들을 나누어서 처리하거나 읽어 보고 싶은 책을 골라 독서하는 시간으로 보내기도 하고, 글쓰기 수업이나 저자특강, 직장인들을 대상으로 하는 온라인 특강들을 들으면서 하루를 마무리한다.

루틴을 만들었더니 퇴직 후에도 하루가 빠듯하다. 달콤한 휴가, 일주일에 네 시간만 일하고 싶다는 생각은 빡빡한 스케줄로 움직이고 있을 때 그리운 것이다. 허약한 체질의 칸트조차 80세까지 건강하게 살 수 있었던 이유는 규칙적인 생활 덕분이었다. 주어진 하루에 최선을 다했던 것이 건강의 비결이었다.

자기 만족감은 스스로 성장하고 있을 때 커질 수 있다. 나는 무엇을 위해 살아가고 있는가. 목표와 계획은 제대로 지켜가고 있는가. 치열한 하루를 통해서만 나와 내 삶에 만족할 수 있다.

# 부모님과 한 달 살기

오붓이 친정 부모님과 한 달을 보냈다. 친정 한 달 살기 프로젝트다. 직장에 다니느라 16년, 결혼하고 직장에 다닌 10년. 밥 해 먹느라 지쳤을 때 친정 부모님 집밥은 최고다. 된장찌개 하나만 있어도 밥 한 그릇 뚝딱이다.

하루는 차를 타고 예천 백수식당 육회를 먹으러 갔다. 다른 날에는 안동시장에 있는 서울막창에서 3인분을 포장해 왔다. 또 다른 날은 20초마다 뒤집어 익혀 먹는 야초원 돼지갈비로 식사를 했다. 농수산물 직판장에 들러 수박 한 통, 대게찜, 붕장어 회도 사 왔다. 매일 한 끼 이상 외식을 했다. 오래전에 먹어 본 기억이 나서 옛고개 기사식당으로 닭발도 먹으러 갔다.

아빠가 봉정사 입구에 새로 생긴 카페에 한 번 가보겠냐고 묻는다. 평일인데도 창가 좌석은 이미 만석이다. 생크림 케이크 한

조각, 생강 라떼, 유자차, 아메리카노를 주문했다. 엄마는 허리가 아파 오래 앉아 있지도 많이 걷지도 못 했다. 막내딸이 가보자고, 먹고 싶다고 하니 무거운 몸을 이끌고 따라나섰을 뿐.

마주 앉은 엄마 아빠의 사진을 찍어 한 장 남겼다. 엄마 입맛에 맞춤형인 유자차를 마시러 낙동강 옆 '라 클라세빈' 카페도 가보자 했다. 엄마랑 통화할 때 "지금 어디야?"라고 물으면 유자차 마시러 왔다고 하셨던 때가 많아서였다.

평소 부모님이 어떤 걸 좋아하고, 뭘 하고 지내시는지 궁금해서 여기저기 따라나섰다. 엄마 아빠는 내가 함께 따라다니니 마냥 좋아하셨다.


이제는 더 이상 엄마와 함께 대게를 먹을 수 없다. 퇴직만 하면 부모님과 보낼 수 있는 시간이 많으리라 생각했는데, 엄마는 더 이상 나를 기다려 주지 않았다. '한 달 살기'를 하지 않았더라면 지금쯤 얼마나 후회하고 있을까?

오십 년 넘게 엄마 옆에서 지켜 주던 아빠도 이제 홀로 남았다. 하루 종일 아픈 엄마 옆에서 수발을 덜어 주던 아빠다. 아빠에게 갑자기 시간이 많아졌다. "산책을 다녀오고 장도 봐왔는데, 아직도 세 시다."라는 아빠 말을 들으니 코끝이 찡하다.

식당에서 칼국수를 한 젓가락 입에 넣고 있는데, 아빠한테서 전화가 왔다. "오늘 오후에 내가 어디를 갔다 왔는지, 기억이 안 난다." 왜 그러냐고, 낮잠 자다 일어나서 그런 걸 거라고, 대수롭지 않게 생각하며 전화를 끊었다. 옆에 있는 남편에게 아빠 이야기를 전하다 보니, 뭔가 기분이 찜찜하다. 다시 아빠에게 전화했다. "아빠 왜 그래?" 다시 통화를 하는데, 평소와 달랐다. 바로 내려가야겠다는 생각이 들었다. 퇴직했더니 팀장님, 회사 눈치를 보지 않고 바로 결정하기에 수월했다. KTX 좌석을 찾아보니 이미 매진이었다. 계속 '새로 고침'을 한 끝에 겨우 표 한 장을 예매했다. 출발시간이 한 시간도 남지 않았다. 칼국수를 먹는 둥 마는 둥 반이나 남긴 채 밖으로 나왔다. 집에 들러 노트북과 속옷, 복용 중인 약만 챙겨서 청량리역으로 뛰어갔다.

기차가 출발하고 나서야 숨을 가다듬었다. "아빠, 나 지금 내려가." 잠시 후, 아빠에게 다시 전화가 걸려왔다. "안 되겠다. 내가 119 불렀다. 성소병원으로 와." 내려가는 내내 마음 졸였다. 편찮으셔도 엄마가 옆에 계신 것과 그렇지 않은 건 하늘과 땅 차이였다. 언니에게 연락하니 언니도 일 끝나고 바로 내려오겠다고 했다. 어차피 응급실에는 코로나 상황이라서 보호자는 한 명밖에 못 들어가니 안 와도 된다고 했지만, 기어이 내려왔다.

병원 응급실 검사결과 이상이 없었다. MRI를 찍어도 큰 이상은 없었다. 병원에서 더 검사해 보겠냐고 묻기에 언니와 어떻게 해야 할지를 고민하다가 서울에 있는 병원으로 모셔가자고 결정했다. 새벽 2시에 택시를 불러 집으로 갔다. 집에서 눈을 좀 붙이고, 다음날 아빠를 모시고 출발했다. 서울 아산병원 응급실에 도착해서 진료를 받는데 큰 이상이 없다고 한다. 여전히 아빠는 머리가 아프고 어지럽다고 호소하는데 말이다.

일주일 뒤 신경외과 외래진료를 예약했다. 기력이 조금 회복되자, 언니가 강화도여행을 제안했다. 사실은 딸 셋과 제주여행을 가기로 했던 날이었다. 그런데 아빠가 병원에 가시게 되면서 취소할 수밖에 없었다.

아빠는 카페에서 빵과 커피를 두고 사진 찍기에 여념이 없다. 스마트폰에 낙조를 담느라 불러도 꿈쩍 안 한다. 아빠의 그런 모습을 처음 봤다. 아빠가 사진 찍는 모습을 나는 동영상으로 담았다. 여행 오길 참 잘했다.

아빠의 기력이 조금씩 다시 올라오는 듯했다. 바비큐 파티도 하고, 석모도 전등사 아래 물레방아 한정식에서 밥을 먹으며 아빠와 딸 셋은 오랜만에 어린 시절 추억을 이야기했다.

여행 마지막 날에 보았던 강화도 낙조는 예술이었다. 내비게이션에 목적지를 잘못 입력해서 낙조를 사진에 예쁘게 담지 못 했다. 아빠가 한마디 한다. "아까 거기서 사진을 찍었어야 했는데!" 다음에 또 오자고 말씀드렸다.

언니가 보라카이 가족여행을 계획했었다. 큰 형부는 일 때문에 빠졌고, 결혼한 지 얼마 되지 않아 친정 식구들과 어울리는 게 어색했던 남편도 그냥 출근하기로 해서 나와 친정 부모님, 언니 둘, 조카, 작은 형부만 휴가를 내고 보라카이에 다녀왔다. 아빠에게 바나나보트를 태워드렸더니 아이처럼 신이 나셨다. 한국에서는 물놀이를 전혀 해본 적 없던 아빠다. 아빠의 한쪽 다리는 내 팔과 굵기가 같았기 때문이다.

대학원 시절, 중국 학회에 엄마 아빠를 모시고 다녀왔던 일도 떠오른다. 버스에서 내 최신 휴대전화를 잃어버렸는데, 중국말 한마디 못 하는 아빠는 휴대전화를 찾으러 버스 종점까지 혼자 다녀오셨었다. 미국에서 연수를 받는 동안 엄마 아빠를 초대했을 때는 영어 한마디 못 하시는 부모님이 당당하게 입국심사장을 무사통과하여 눈앞에 나타났던 모습이 또렷하다.

자녀들과 함께 했던 순간순간이 부모에게는 특별한 시간이고, 이야깃거리였다.

이가네 가족 네이버 밴드가 있다. 2013년 9월에 만든 비공개 밴드다. 아빠와 딸 셋만 가입한 곳이다. 이제 십 년이 넘었다. 여행을 가서 찍은 사진, 부모님들의 모습, 조카들의 어린 시절 사진, 나와 남편 사진 등이 담겨 있다.

엄마가 돌아가신 날 급하게 영정사진이 필요했는데 마땅치가 않아서 밴드를 열었다. 엄마가 활짝 웃고 있는 사진 한 장이 눈에 띄었다. 아빠 엄마가 미국에 놀러 왔을 때 찍어둔 사진이다. 아울렛에 쇼핑을 갔다가 벤치에 앉아 쉬던 엄마는 편안한 모습이었다.

2022년 6월 퇴직 후, 친정에 내려가 첫 번째 책을 퇴고했다. 친정집에서 밥 먹을 때를 빼고는 퇴고하느라 방에서 노트북만 들여

봤다. 혼자서 책 읽고 퇴고하는 모습을 본 부모님은 직장에 다닐 때보다 더 힘들어 보인다고 하셨다. 부모님에게 말했다. "내가 더 하고 싶은 걸 하고 있고, 지금 하는 게 더 재밌어요." 다음 날에는 책 한 권을 들고 스타벅스에 갔다.

어느 순간 이별을 마주한다. 좋은 순간, 좋은 추억은 그래도 글과 사진, 동영상에 남아 있었다. 엄마가 아파 병원에 입원해 있던 사진, 아빠와 엄마가 데이트하던 사진, 엄마가 찍은 흔들린 아빠 사진, 엄마가 좋아하는 엄마 사진, 아빠와 내가 응급실에 함께 누워 있는 사진, 강화도에서 빵과 커피 사진을 누가 잘 찍나 하나씩 찍어둔 사진, 모두 담겨 있다.

20대, 30대, 40대, 50대, 60대, 70대, 80대가 보는 벚꽃은 다르다고 한다. 바로 이 순간, 1년 후, 5년 후, 10년 후에도 언제든지 반갑게 들여다볼 수 있는 부모님 사진, 가족사진을 많이 담아 두면 좋겠다. 시간은 기다려 주지 않는다. 나이가 들수록 부모님을 보살펴야 한다는 부담감이 생기는 것 같다. 늦기 전에 부모님이 한 번 더 웃겨드리고, 내가 한 번 더 웃는 모습 공유해 드리는 것, 그게 바로 효도이고, 사랑 아닐까.

남편이 먼저 퇴직하던 날, 나와 남편의 밴드도 따로 만들었다. 처음에는 사진 찍기 싫다고, 왜 찍느냐고 하던 남편도 이제는 밖에서 밥을 먹을 때마다 사진을 찍어서 내게 보내 준다. 며칠 전, 밴드 사진을 들여다보던 냉철한 남편이 한마디 한다. "이거 참 괜찮네!"

# 배움과 나눔

조기퇴직 후 두 달여가 지났을 무렵, 유럽의 전설적인 투자자로 유명한 앙드레 코스톨라니의 『투자는 심리 게임이다』를 읽었다. 구체적인 투자 전략을 제시하는 책은 아니었다. 앙드레 코스톨라니는 철학과 미술사를 전공하고 피아니스트가 되고 싶어 했다고 한다. 하지만 그는 정작 증권투자를 시작하면서 증권계의 유명인이 되었다. 그의 마지막 대화가 눈에 띈다.

"그때, 나는 내 자본만 가지고도 수입이 들어왔기 때문에 은퇴를 결정할 수 있었다. 하지만 활동하지 않고 걱정하지 않게 되자 나는 거의 절반 신경쇠약이 되었으며 우울증에 시달렸다."

그렇다. 퇴직하면 무작정 좋을 것으로 생각하고 있었지만 앙드레 코스톨라니 사례를 보면서 생각이 달라졌다. 그냥 집에서 자유롭게 시간을 보내는 것만으로는 마냥 행복하지 않다는 메시지다.

나보다 먼저 퇴직한 남편을 보더라도 그랬다. 한두 달 정도는 내가 출근할 때 일어나 책상에 앉아 본인이 계획한 일정에 맞춰 무언가를 했다. 그런데 두세 달 정도 지나니 내가 출근할 때 일어나지 못 하는 일이 많아졌다. 새벽 두세 시까지 책상 앞에서 앉아 졸다가 잠이 깨어 침대로 가는 날이 늘었다. 초반에는 내가 준 다이어리에 할 일정을 적어 관리하더니, 한두 달이 전부였다.

앙드레 코스톨라니는 이렇게 말했다.

"세미나 주말은 나를 위해 마련된 거대한 커피숍이며, 언제나 '짱'이었다."

책을 쓰고 받는 인세 10%는 그에게 신나는 일이 아니었지만 오히려 그 열 배의 돈을 내고 그의 생각을 듣고 싶어 동참하는 독자들이 있다는 것, 존경받는 사실에서 더 기쁨을 느끼고 있다고 했다. 그는 그렇게 삶의 의미를 찾아갔다.

독일 출신의 세계적인 머니 코치이자 경영 컨설턴트인 보도 섀퍼는 스물여섯에 파산했다가 재기에 성공하여 서른 살부터는 매달 받는 이자 수입만으로 생활이 가능할 만큼 부자가 된 사람이다. 그의 책『머니 파워』에서도 비슷한 문구를 발견했다.

"전혀 예상치 못했던 일이 일어났다. 나는 행복하지 않았고 모든 게 무의미했다. 나는 돈이 곧 행복을 의미하지는 않는다는 사실을 깨달았다. 하지만 인정하고 싶지 않았다."

사람들 앞에서는 아주 잘 지내고 있는 것처럼 행동했기에, 주변 사람들은 그런 그를 부러워했다. 잠깐 자랑스러웠지만 얼마

지나지 않아 부러움도 더는 그를 만족시키지 못 했다. 보도 섀퍼는 결국 새로운 인생의 의미를 찾아 나섰다. 바로 다른 사람들이 부자가 되도록 도와줌으로써 즐거움을 찾아가는 일이었다.

인스타그램에서 보도 섀퍼를 찾아 팔로우했다. 여전히 그 활동을 하고 있는지 궁금해서다. 독일어를 잘 모르지만, 피드가 올라오면 가끔 '번역'을 눌러 전하는 메시지를 확인해 본다. 세계 전역에서 강연하며 경제적 자유와 삶의 가치를 전하고 있다.

7년 전에 나는 보도 섀퍼의 『돈』이라는 책을 읽고 배웠다. 재테크 카페에서 추천해 준 이 책을 읽기 전까지는 이름을 들어본 적도 없는 사람이다. 하지만 책을 읽고 나서 조기퇴직하기 위한 '돈'에 대한 개념을 정립하고 구체적인 자기 경영계획을 세울 수 있었다. 2005년 『보도 섀퍼의 성공전략』은 2022년 3월 『보도 섀퍼의 이기는 습관』이 개정판으로 다시 세상에 나와 '위너가 되라'라는 메시지를 전해 주었다. 2022년 9월에는 『머니 파워』를 통해 경제적 관념에 전혀 관심 없는 사람들에게 경제적 독립을 위한 멘탈 코칭을 전하고 있었다. 그 외에도 최근에도 그의 개정판이 재출간될 정도로 인기 좋은 멘탈 코치로 명성을 쌓아가고 있는 듯 보인다.

2017년부터 자기계발서와 재테크 책에 관심을 갖고 읽기 시작했었다. 책 속 작가들은 바로 나의 든든한 멘토들이었다. 그 저자들로부터 새로운 배움을 가질 수 있게 되었고, 배운 것을 하나씩 후기로 정리하며 블로그에 포스팅 했다. 내가 받은 도움을 다른 이들도 도움이 되었으면 하는 바람에서다. 포스팅했던 글들이 모며 『평단지기 독서법』이라는 책을 출간했다. 앙드레 코스톨라니처럼, 보도 섀퍼처럼 유명하진 않아도 주변 사람들에게만큼은 독서를 통해 배우고, 나눌 수 있다는 것을 알리고 싶었기 때문이다. 아직 초보 작가라 책이 많이 팔리진 않았어도 모르는 사람이 남긴 SNS 후기는 나를 지속적으로 성장하게 해 주었다. 책 덕분에 독서 습관을 만들었다는 후기나 서평, 특강 후기가 올라오면 뿌듯했고, 삶의 보람이 느껴졌다.

내가 다니던 직장은 한때 정년퇴직 후에도 원한다면, 더 일할 수 있던 곳이다. 2~3년 정도는 고경력자 전문계약직 제도가 있었기 때문이다. 그만큼 정년이 보장된, 정년 이후까지 보장되는 직장이었음에도 우리 부부는 과감하게 조기퇴직을 결정했다.

이런 상황에서 남편의 조기퇴직을 먼저 결정할 때는 걱정과 두려움이 있었다. '회사 밖은 지옥'이라며 회사가 편하다고 이야기해 주는 사람이 대부분이었다. 드라마 〈미생〉에 나왔던 이 대사는 스티커처럼 내 머릿속에도 달라붙어 있었다. 그러니 선뜻 남편에게 "퇴직해도 돼." 라고 말할 수 없었다.

우선, 경제적으로 자유로워져야 하고 싶은 일을 해볼 수 있겠다는 생각이 들었다. 시간으로부터의 자유를 얻기 위해서는 경제적 자유가 먼저 이루어져야 했다. 경제적 자유를 준비하는 과정에서는 어떻게든 하나라도 더 배워서 돈을 벌어야겠다는 사실에만 집중하였다. 돈이 있어야 행복할 거라는 생각만 한 것이다. 그런데 퇴직하면 뭘 할 것인가에 대한 구체적인 계획을 고민하면서 의식에 변화가 생긴 것이다.

미국 심리학자 에이브러햄 매슬로가 1943년에 발표한 자료에 따르면, 인간의 욕구는 5단계로 나뉜다. 이른바 '매슬로의 5단계 욕구설'이다. 1단계는 생리적 욕구, 2단계는 안전에 대한 욕구, 3단계는 애정과 소속에 대한 욕구, 4단계는 존경과 인정의 욕구, 5단계는 자아실현의 욕구다. 하위 단계 욕구가 채워지지 않는 한 절대로 상위 단계 욕구를 충족시킬 수 없다. 다시 말해, 1단계 생리적 욕구가 해결되어야만 2단계 안전에 대한 욕구를 갖게 된다는 뜻이다.

칩 히스와 댄 히스는 그들이 집필한 『스틱』이라는 책에서 5단계 자아실현의 욕구보다 상위의 개념을 설명했다. '초월' 단계이다. 다른 이들에게 내재한 잠재성을 깨닫도록 돕는 단계를 의미한다. 자아실현 후에는 타인을 돕고자 하는 욕구가 우리 안에 있다는 말이다. 책을 읽고 글을 쓰면서 나름 의미와 가치 있는 삶을 살아가고 있다고 느꼈다.


인스타그램에서 우연히 『웰씽킹』 저자 켈리최 회장 계정에 올라온 '끈기 프로젝트_독서편 100일 프로젝트 모집' 공지를 보았다. 보는 순간 바로 나를 위한 프로젝트구나, 끌어당김의 법칙이 이런 거구나 싶었다. 신청서에는 참여자와 리더 중 하나를 선택하라고 되어 있었다. 당당히 리더로 지원했다. 운 좋게 기획 콘텐츠 팀 리더들의 일원으로 선정되었다. 리더들은 '끈기 프로젝트_독서편' 참여자들의 프로젝트 완주 성공률을 높이기 위해 기획 및 콘텐츠 회의를 매주 시행하면서 아이디어를 도출하기도 했다. 그와는 별개로 개인적으로 독서 관련 어록을 100일 동안 하나씩 만들었다. 또한 다른 이의 글에 댓글로 응원 메시지를 남겼다. 4천 명 넘는 참여자 중에서 약 300명 이상, 즉 약 8%의 성공률을 보였다. 보통 이런 프로젝트에 완주할 확률이 1~3% 정도라면 꽤 높은 성공률이라고 했다. "함께하면 멀리 간다."라는 말을 이해하게 되었다. 서로 응원하는 분위기로 성공률이 높아진 셈이다.

또 다른 독서 활동으로는 잇콘출판사 독자 에디터 활동에도 참여했다. 독자가 좀 더 쉽게 책을 접할 수 있도록 편집 의견을 개진하고, 서평을 나누는 활동을 하는 것이다. 해단식에 참여했더니 최우수활동상을 받았다. 타인의 독서를 돕기 위한 행동들이 '나의 만족'을 넘어 '타인을 돕는' 삶. 나 스스로 '초월' 단계에 들어서고 있다는 느낌이 든다면 과한 표현일까.

# PART 5

# 따로 또 같이 사는
# 부부 생활의
# 운용 및 평가

# 균형을 위해 선은 확실하게

역대급 부부싸움(?) 했던 날이 있다. 우리 집 방 하나는 아무나 들어갈 수 없는 출입제한구역이다. 하루는 남편이 없는 동안 조카와 언니가 우리 집을 다녀갔다. 중학생, 고등학생이던 조카들이 아무 생각 없이(말한 적이 없으니, 당연히 몰랐겠지만) 신기한 방에 들어가서 남편 의자에 앉아 보기도 하고, 책꽂이에 꽂혀 있는 책도 꺼내 보고, 게임기들을 신기하다고 만져 보았던 것 같았다.

그 사실을 알게 된 순간, 남편이 씩씩거리기 시작했다. 자신이 소중히 여기는 물건에 타인이 손을 댄 것과 바깥 먼지가 묻어 있는 외출복을 입은 채 방에 들어간 것에 단단히 화가 났다. "당장 열쇠 있는 손잡이 주문해!" 처음엔 어린 조카들인데 구경할 수도 있지, 그 정도로 화를 낼 일인가 싶었다.

그렇다고 소리를 버럭 지르면서 싸운 건 아니다. 우리 부부의 싸움은 언제나 조용하다. 한 사람이 화를 내면 서로 말을 하지 않을 뿐이다. 마음이 가라앉을 때까지 냉전이다. 며칠 동안.

언니에게만 내가 화를 냈다. 왜 괜히 애들을 그 방에 들여보냈냐고. 언니는 말을 하지 그랬냐고 한다. 그 이후로 친정 식구들은 우리 집에 오는 걸 꺼리게 되었다.

이틀 후 열쇠가 있는 손잡이가 도착했다. 주말에 손잡이를 교체했다. 하지만 그 이후로 자물쇠를 잠근 적은 없었다. 조카들이 집에 오지 않았기 때문이다.

부모님이 다녀가도, 세탁기나 건조기 AS 기사가 다녀간 뒤에도 물걸레 청소기를 곧바로 작동시킨다. 코로나로 집에서 온라인 예배를 드릴 때도 남편은 소파에 앉지 않고, 거실 바닥에 그냥 앉아 있다. 그렇다고 "소파 버릴까?"라고 물으면 나보고 그냥 앉으면 되지 왜 버리냐고 한다. 소파는 나 혼자 차지한다. 나만 쓰는 소파임에도 외출했던 옷을 입은 상태로 내 마음대로 소파에 앉을 수 없다. 아니, 앉아도 되지만 다음 날 소파 커버를 세탁해야 한다. 약속시간이 애매해서 집에서 잠시 쉬고 나가고 싶어 집에 들어와도, 소파 대신 옷방 바닥에 앉아 있다가 나가는 게 마음 편했다.

지방에 살고 있는 큰 언니에게서 전화가 왔다. 조카 하은이가 서울에 있는 콘서트에 놀러 왔다가 마치는 시간이 늦어진다고 했다. 그래서 하룻밤 재워 주면 안 되냐고 물었다. 남편이 불편해 할까 싶어 조카에게는 미안하지만 이러지도 저러지도 못 했다. 결국은 못된 이모가 되기로 자청했다. 잠시 다녀가는 조카는 손님이고, 평생 함께 살아가는 사람은 남편이라는 생각이 들었다. 언니에게는 미안하다고 말했다. 조카는 결국 막차를 타고 집으로 내려갈 수밖에 없었다. 미운 이모다.

십 년 넘게 남편과 함께 살아가다 보니, 이제는 자연스럽게 남편을 맞춰 주는 게 평안하다. 그래서 요즘은 한 번이라도 입었던 외출복을 다시 입으면, 여기저기 돌아다니지 않고 곧바로 현관문으로 직행한다. 입던 옷을 입었는데, 스마트폰을 책상 위에 두고 나온 날은 그냥 나가는 게 마음이 편하다. 뭐, 집에 돌아다니는 먼지 줄이는 일은 나쁠 게 없으니까.

하루는 남편이 유튜브 영상을 하나 보내줬다. 남편의 로망은 누구의 방해도 받지 않는 자신만의 공간을 갖는 것이었다. 영상에는 좁은 집이지만 공간 분리를 통해서 자기만의 영역을 만들어 두는 방법을 소개한 내용이었다. 우리 집은 방이 세 개지만, 방이 부족하다. 하나는 침대가 있는 안방이고, 하나는 외출복을 벗어 놓는 옷 방, 그리고 책상 두 개가 나란히 있는 방이다. 방 하나에 책상이 두 개가 들어가 있으니 각자만의 공간은 없는 셈이다.

글쓰기를 시작하면서 남는 책상 하나를 거실에 하나 더 마련했다. 그나마 글을 쓰고 있을 때는 나는 거실에, 남편은 방에 혼자 있으니 자기만의 공간이다. 하지만 남편이 레트로 제품에 관심을 가지면서부터 각종 CRT 모니터며, 구식 키보드를 사들였고, 놓아둘 공간이 부족해졌다. 어쩔 수 없이 거실 서랍장 앞에 상을 하나 펴서 올려두기로 했다. 신혼 초였다면, 왜 거실에 지저분하게 여기 두냐고 뭐라고 했을 텐데, 이제는 선을 정하고 그냥 눈감는다. 굳이 누구에게 보여줄 공간도 아니기에 남편의 공간을 지켜준다. 보이지 않는 선이다. 나는 그 선을 넘어가지 않는다.

물론 남편에게도 내가 사용하는 공간이 분명 마음에 들지 않는 점이 있으리라 생각한다. 남편도 그냥 눈감는 것이다. 책상에 다 읽은 책들이 쌓여가고, 더 이상 꽂을 자리가 없는 책장에는 책들이 가로로 쌓여간다. 현관 입구에는 아파트 재활용품 분리수거를 하던 날 집어 온 책들이 쌓여 있다.

동료가 알려 준 스쿼트 기계를 하나 샀는데, 옷방 가운데 떡 하니 두었다. 거실에 노트북과 모니터 한 대를 설치했더니, 케이블이 수북하다. 거실 창문 앞 책상 위에도 케이블, 책, 키보드, 독서대, 모니터, 노트북 등 하나씩 물건들을 놓았더니 커피잔을 놓아둘 공간이 없다. 내가 봐도 가끔 너무하다 싶을 때가 있다. 깔끔한 남편의 속마음은 오죽할까. 참을 인을 세 번씩 새기고 있을지 모르겠다.


욕실에는 수건이 두 개 걸려 있다. 그런데, 가끔 하나만 걸려 있을 때가 있다. 신혼 초부터 남편은 얼굴이 아토피성 피부라 혹시나 하는 마음에 내게 전염될까봐 걱정을 했다. 남편은 수건을 따로 쓰자고 제안했다. 그러자고 했다. 샤워하고 나오면서 머리에 수건을 둘둘 말아 나온다. 머리카락을 말린 후 수건을 빨래통에 담는다. 그리곤 내가 쓰는 수건을 꺼내 놓지 않는 경우가 종종 있다. 화장실에 들렀다가 손을 씻고 나올 때 종종 내 수건이 없으면 남편 수건에 손을 슬쩍 닦고 나온다. 남편이 못마땅한 얼굴을 했다. 왜 수건을 따로 안 쓰냐고 하면서.

하루는 기발한 아이디어를 냈다. 내가 남편 수건에 손 닦는 게 싫다면, 나 대신 수건을 꺼내 걸어 주면 된다고 말했다. 이후 남편은 가끔 "수건 내가 또 꺼내 놨다." 라고 말해 준다. 참 고맙다.


거실에서 글을 쓰다가 급히 화장실을 갔다. 볼일을 보고 나오다 보니 바로 앞, 방 문틈 사이로 남편이 오랜만에 책 읽는 모습이 보인다. 슬쩍 카메라를 가져와서 몰래 한 장 찍었다. 신혼 초, 책 읽는 모습에 반했었다. 남편이 인기척을 느끼고 쑥스러워 쳐다본다. 얼른 계속 보라고 하고는 문을 닫아 줬다. 나는 다시 거실에 있는 책상에 앉아 글을 쓴다. 우리 집은 부부가 함께 사용하는 공용 공간이다.

하지만 보이지 않는 선이 있다. 우리는 서로의 선을 넘지 않는다. 서로의 균형 잡힌 독립 공간을 존중하며 묵묵히 참으며 따로 또 같이 살아가는 중이다. 처음엔 둘 다 불편하다. 좋고 나쁨에 대해 조금씩 솔직하게 이야기하며 서로 눈감으며 살아간다. 내가 평안하면 남편은 평안하지 않았다. 대신 남편이 평안하면 나도 평안해졌다.

# 20%는 포기, 80%의 만족

책 읽는 걸 포기했다. 내 맘대로 백 퍼센트 할 수 없었다. 결혼하고 나서부터다. 같이 살다 보니, 배고프지 않아도 식사 준비를 해야 했다. 집에 먼지가 쌓여도 청소를 포기했다. 욕실에 물때가 끼어서 청소를 맡기고 싶어도 포기했다. 걷거나 대중교통을 타고 다니고 싶은데, 포기했다.

얼마 전 유튜브 채널을 개설했다. 교보문고에 들렀는데 『지무비의 유튜브 엑시트』가 마침 인기 순위에 있었기에 제대로 시작해 보고 싶어서 구매했다.

며칠 동안 책상 위에 두기만 하다가 드디어 마음먹고 읽어보기로 하고 소파에 눕다시피 기대어 한두 장 넘기다 보니 점점 빠져들었다. 본문 중간에 궁금했던 정보들도 발견했고, 유튜브 관련 책이라 유튜브 채널 링크도 하나씩 찾아 눌러보면서 시간을 보내고 있는 중이었다. 남편은 배가 고프다며 안방과 서재를 왔다 갔다 한다. 내용이 연결된 부분이라 마저 읽고 밥을 챙겨 주겠다고 말했다. 문득 며칠 전 생각이 떠올랐다. 금방 해 준다고 기다리라고 했다가 빨리 끝나지 않아서 늦어졌던 기억이다. 책 사이에 연필을 꽂았다. 책을 덮었다. "나중에 읽자!" 소파에 책을 놓고, 자리에서 일어났다.

며칠 전, 마트에 갔다가 농심 '파스타랑' 볼로네제 1인분 즉석식품 신제품을 발견했다. 비상식량으로 하나 사 두었다. 나는 저녁을 안 먹겠다고 했더니, 남편은 미안해서인지 3분 파스타 요리를 해 달라고 부탁했다. 즉석식품으로 저녁 챙겨 주자니 그래도 미안한 생각이 들었다. 마침 토마토와 볶아둔 가지나물이 생각났다. 끓는 물에 파스타 면을 넣었다. 3분 30초를 삶는다. 도마를 꺼내서 토마토 반 개와 가지나물을 다졌다. 물 두 스푼 정도 남기고 나머지는 싱크대에 버렸다. 소스를 뜯어 붓고, 다져 둔 토마토와 가지를 넣은 후 좀 더 볶았다. 남편에게 즉석식품이 고급 이탈리아 파스타 요리로 탈바꿈했다고 자랑했다. 남편이 한 젓가락 맛본다. 진짜 고급스러워졌다고 맞장구쳐 준다.

소파로 다시 가서 누웠다. 책을 펼쳤다. 20분쯤 지났다. 다 읽었다. 완독하고 식사 준비를 했으면 남편 저녁이 20분이나 더 늦을 뻔했다. 일단 독서를 포기하고, 저녁 먼저 해 주길 잘했다는 생각이 들었다. 저녁 7시가 넘었지만, 어젯밤 늦게까지 전자책 투고

하느라 아침에는 피곤해서 늦잠을 잤다. 그리고 오후에는 누워서 책 읽고 안 움직였다. 천 걸음도 안 움직였다. 아무래도 '나가서 걸어야겠다'는 생각이 들어 대충 옷 챙겨 입고 운동화를 신었다. 남편이 어디 갈 거냐고 묻는다. 교보문고 갈 거라고 했더니 자신도 시간 맞춰서 나오겠다고 했다. 다이소에 들러 볼 일이 있다고.

서점까지 이어폰을 끼고 전자책을 들으면서 파워워킹으로 걸었다. 인기도서, 신간도서, 화제의 도서, 서가에 꽂힌 책을 몰입해서 봤더니 30분이 지났다. 전화가 왔다. 남편이다. '아직 다 못 봤는데!' 아쉬워하면서 전화를 받았다. 남편은 신장에 무리가 있는 듯 불편하다면서, 쉬겠다는 전화였다. 그러라는 말을 남겼다. 대신 책 좀 더 보고 가겠다고 전했다. 올 때 빵 하나만 사달라는 말을 남기며 남편은 전화를 끊었다. 숨을 짧게 들이마셨다가 다시 크게 내쉬었다. 책을 다시 구경했다. 대충 지나치던 서가에서 책을 자세히 한 권씩 살펴보기 시작했다. "어? 이 책 못 보던 거네? 오! 문학 코너에는 책 제목이 가나다순으로 꽂혀 있구나." 서점 구경에 시간이 가는 줄 몰랐다.

한 시간이나 지났다. 늦었다! 신간을 한 권 사서 서점을 나섰다. 집으로 오면서 롤링핀에 들렀다. 남은 빵이 거의 없다. 남편에게 전화를 걸었다. 남은 것들 이름을 불러 줬다. '카레 고로케' 하나를 주문했다. 빵을 사 들고, 집으로 걸어왔다.

남편은 못 나가서 미안하다고 전화했던 상황이었다. 남편이 같이 나왔으면 서점 구경을 포기하고 집으로 올 뻔했었다. 책 읽는 것 포기하고 저녁 한 끼 고급스럽게(?) 차려 줬더니, 그 이후는 자유롭게 시간을 보낼 수 있었다.

어린아이들에게 '잠깐만'은 한 세월이라는 말을 들은 적 있다. 기다리는 남편에게도 같은 심정이겠다는 생각이 들었다.


하나를 얻고 싶으면 대신 다른 건 기꺼이 포기하겠다는 게 전략적 포기다. 누구 하나를 쫓아만 가다가 멈췄다. 내게는 체력적인 한계가 있었기 때문이다. 다른 사람들과 똑같이 전력 질주할 수 없었다. 내 방식으로 타협이 필요했다. 남들처럼 똑같이 하는 걸 포기하고, 한 가지만 해내자고 다짐했다. 평생 하겠다는 마음으로 실천한다.

아침마다 책 읽기는 어디에 우선순위를 둘지 알려 주었다. 어떤 것을 포기해야 하는지 답을 얻었다. 아침 평단지기 독서는 포기하지 않는다. 그것이 바로 퇴직을 준비하면서 5년 이상 지치지 않고 공부할 수 있게 해 준 원동력이었고, 앞으로의 인생에서도 우선순위를 정할 때 힘이 되어 주는 나만의 무기이기 때문이다.

만약 부자가 된다면, 만약 퇴직한다면, 만약 성공한다면 이를 이루기 위해서는 등가교환이 성립된다. 한 가지 목표를 달성하기 위해 1만 시간의 법칙을 노력했다면, 다른 무언가는 엄청나게 포기했다는 이야기도 함께 볼 수 있어야 한다. 누가 십억, 백억 달성했다고 하면 그것을 위해 숨은 노력이 있었고, 다른 무언가를 포기했다는 이야기처럼. 연말 인사 평가에 어떤 걸 인정받고 싶은지 미리 생각해 보면, 지금 내가 무엇을 해야 하는지 쉽게 결정할 수 있다. 조기퇴직도 너무 욕심낼 필요 없이 천천히 퇴직 준비한다고 생각하면, 지금도 여유롭게 인생을 즐길 수 있다. 퇴직하지 않아도 지금 할 수 있는 버킷리스트가 꽤 있고, 굳이 퇴직 후로 미룰 필요도 없다. 삶의 의미를 어디에 두느냐에 따라 자신의 인생 만족도는 달라진다.

이탈리아 경제학자 파레토는 상위 20퍼센트가 전체 부의 80퍼센트를 가지고 있다는 사실을 알아냈다. 우리는 따로 또 같이 살아가는 부부다. 20퍼센트 배우자를 먼저 만족시켜 준다. 나머지 80퍼센트는 내 맘대로 하더라도 배우자가 이해해 줄 확률이 높아진다. 내가 살이 빠지면 남편이 살이 찐다. 내가 살이 찌면 남편이 살이 빠진다. 내가 덜 먹으면, 내 스타일에 맞춘 남편은 간식을 더 챙겨 먹어서 살이 쪘고, 내가 남편 식습관에 맞추면 남편은 간식을 덜 먹어 살이 빠지는데, 오히려 내가 과하게 먹어서 살이 찌기 때문이다. 부부 중 한 명이 살찐 이유였다. 먼저 내가 20퍼센트 빼면, 다른 배우자가 20퍼센트를 채운다. 늘 100퍼센트다.

# 청국장과 아인슈페너

재테크 카페에서 강남구 '탕수육과 잡채밥' 맛집을 발견하고, 남편에게 링크를 공유했다. "탕수육이면 다 좋지." 답변이 왔다.

월요일은 아파트 재활용 쓰레기를 버리는 날이다. 점심은 외식 후 재활용 분리수거를 함께 한다. 총각 시절부터 '탕정'이라는 하는 탕수육 + 볶음밥 + 짜장면이 세트로 나오는 정식을 즐겨 먹던 남편이다. 남편이 좋아하는 음식 맛집을 발견하면 네이버 지도에 즐겨찾기를 해 둔다. '탕수육' 맛집이니 당연히 좋아할 수밖에 없는 곳이다.

방문해 보기로 했다. 오후 2시쯤 도착했다. 테이블 한 곳만 사람이 앉아 있다. 맛집이 맞나 의심했다. 처음 간 곳이라 양도 어느 정도인지 모른 채, 일단 탕수육부터 고르고, 짜장면, 잡채밥도 주문했다. 탕수육과 잡채밥이 먼저 나왔다. 잡채밥은 보기만 해도 배가 부른 느낌이 들었다. 짜장면이 나왔다. 결국, 잡채밥은 한 숟가락 맛만 보고 멈췄다. 짜장면은 불면 먹을 수 없으니 탕수육과 짜장면만 먹었다. 대신 잡채밥은 포장했다. 다음 날, 잡채밥을 프라이팬에 살짝 볶았다. 둘이 함께 먹어도 충분했다. 며칠 후, 남편이 침대에 누워 있다가 그 집 탕수육이 또 생각난다고 한다. 다음 달에 또 가자고 약속했다.

두 번째 방문은 오후 1시쯤 갔다. 빈자리가 없었다. "아, 여기 맛집 맞네." 지난번 주문했던 짜장면을 빼고, 탕수육 소<sup>小</sup> 하나와 잡채밥 1인분을 주문했다. 달콤한 소스에 볶아져, 콩가루 맛이 나는 주황빛 탕수육이 나왔다. 남편이 한입 물더니 "역시, 맛있네." 이 한마디 들으니 덩달아 나도 맛있게 느껴졌다.

이번에는 양재천도 한 바퀴 돌았다. 양재천 카페거리를 걸으며, 다음에는 카페에서 커피도 한잔 하자고 약속했다. 집에서 30분 정도 차를 타고 가야 한다. 월요일마다 데이트다. 맛있는 식사도 하고, 낯선 거리 산책과 함께 카페에서 커피도 한잔 한다. 몇 번 가다 보니 이제는 지역을 확대해서, 양재천 대신 윤봉길 의사 기념관 매헌공원을 들를 때도 있고, 타워팰리스 근처까지 걸어가 커피를 한잔하면서 동네 주민들은 어떤 사람들인지 분위기도 느껴 본다. 하나씩 우리 부부의 함께하는 시간이 쌓여갔다.


카페라테를 마시면 배가 아프다. 그래서 주로 따뜻한 아메리카노나 드립커피를 마신다. 남편은 속이 쓰리다며 우유가 들어간 카페라테를 마신다. 나는 각종 나물 반찬, 채소, 갓 지은 솥밥을 좋아한다. 남편은 돈가스, 오징어볶음, 탕수육, 치킨, 전, 튀김류를 좋아한다. 사실, 내 경우에는 결혼 전까지만 해도 밀가루를 먹으면 속이 더부룩했다. 팀 사람들이 밖에서 점심 먹자고 하면, 늘 중국집 빼면 다 좋다고 말하고 다닐 정도였다.

남편은 짜장면과 돈가스를 일주일에 한 번 이상 먹었다. 상추한 장에 된장 넣고, 밥만 넣어도 나는 맛있게 먹는다. 남편은 고기 없이 어떻게 상추쌈을 먹느냐고 한다. 내 입맛에 맞는 나물 반찬을 식탁에 올리면 남편은 밥맛이 없다고 하거나 "이상하게 배부르네."라면서 밥을 꼭 남겼다. 혼자서 먹으니, 결국 나물 절반을 버린다. 나는 건강에 좋다고 발사믹 식초에 올리브유를 듬뿍 넣어 먹는 샐러드를 좋아하지만, 남편은 시큼한 발사믹 식초 소스는 싫다면서 달콤한 유자 샐러드 드레싱, 시저 샐러드 소스를 또 산다. 나는 밥을 먹고도 떡이라면 또 먹을 수 있는 떡순이다. 남편은 밥을 먹고도 빵은 또 챙기는 빵돌이다. 먹는 게 다르니 마트든 반찬가게든 한 사람 입맛만 맞출 수가 없다.

다행히 시간이 어느 정도 해결해 주었다. 돈가스도, 짜장면도 좋아하지 않던 내가 남편 좋아하는 음식을 한두 번 먹었다. 어느 날부터 돈가스, 간짜장을 먹어도 소화에 이상이 없다. 요즘은 먼저 간짜장을 먹으러 가자고 제안할 정도다. 아파트 지하상가에서 가지, 고사리, 무나물, 도라지, 콩나물, 취나물이 조금씩 담긴 반찬 세트 하나를 샀다. 참기름 한 방울 넣고 나물 넣고, 밥을 비볐다. 남편도 건강하고 괜찮은 것 같다고 한 그릇 뚝딱 해치운다.

옆 동네 미용실에 다녀오다가 청국장 식당을 발견했다. 상가 2층에서 있어서 자칫 눈에 띄지 않았던 모양이다. 남편에게 청국장 먹으러 가자고 했다. 남편은 청국장 먹고 나면 금방 배고플 것 같다고 말끝을 흐린다. 청국장을 먹자고 하기가 곤란했다. 다행히도 청국장 정식 메뉴는 제육볶음이 포함된 점심 세트였다. 둘 다 만족했다. 근처에서 커피를 한잔 하고 가기로 했다. 산책하다가 발견한 카페다. 주말 매장 안에는 사람들이 바글바글했다. 평일 오후시간은 다행히 한가했다. 메뉴를 확인했다.

지난 강원도 여행에서 마른 오렌지 껍질이 살짝 뿌려진 '아인슈페너' 커피를 처음 마셔본 적 있다. 네이버 사전에 따르면 아인슈페너란 마차를 끄는 마부라는 뜻에서 파생된 말로, 과거 마부들이 피로를 풀기 위해 마셨던 커피처럼 아메리카노에 설탕과 생크림을 얹어 만든 커피다. 강원도에서 마셔본 아인슈페너가 기억에 남았는지, 남편은 카페에서 종종 라떼 대신 아인슈페너를 주문했지만 그때의 맛을 느껴볼 순 없었다.

마침 매장에 아인슈페너 메뉴가 보인다. 아인슈페너와 아메리카노를 한 잔씩 주문했다. 구석에 자리를 잡고 앉았다. 예쁜 나무 받침대 위에 아이스 블랙커피 위에 하얀 크림이 올라가 있는 아인슈페너와 따뜻한 아메리카노 커피를 직원이 테이블까지 가져다 준다. 남편이 나보고 먼저 맛보라고 아인슈페너를 살짝 밀어준다. 한 모금 맛을 보니, 그 맛이다. 강원도 아인슈페너. 남편도 마셔보더니 오렌지 향만 나면 딱 그 맛이라 했다. 최근 서울에서 맛본 아인슈페너 중에 그 맛과 제일 비슷했다. 가끔 맛있는 커피 생각이 날 때면 여기로 함께 가곤 한다.

인터넷에서 배우자가 좋아하는 음식을 발견하면 서로 링크를 공유해 주거나 다음에 같이 가자고 말한다. 가끔은 우리 나이에 어울리지 않는 메뉴를 선택할 때도 있지만, 뜨끈한 국물이 생각나면 인근 아파트 상가 지하에 있는 '송가네 감자탕'에 간다. 남편은 감자탕을, 나는 고기 없는 우거지 감자탕을 주문한다. 얼마 전 알게 된 '푸가 커피'에서도 나는 콜롬비아 커피 드립을 마시고, 남편은 아인슈페너를 따로 주문한다.

내가 먹고 싶은 것, 남편이 먹고 싶은 메뉴는 달랐다. 처음에는 적응하기 어려웠다. 맞춰만 주기에도 힘들다. 함께 살아가야 하기에 그래도 하나씩 양보하며 먹고 싶은 게 있으면, 남편이 좋아할 만한 메뉴가 있는지 따로 챙겨본다. 나한테 남편이 맞춰 주면 남편이 좋아하는 드라이브를 같이 가고, 남편에게 맞춰 주면, 내가 좋아하는 산책을 남편이 함께해 준다. 시간이 지나면서 서로의 취향도 조금 더 알아간다. 내가 조금 익숙하지 않고, 불편하더라도 배우자가 좋다고 하여 함께 하면서 부부는 조금씩 서로를 닮아가는 듯하다. 배우자가 좋아하는 맛집을 평소에 챙겨 두었다가, 배우자가 힘들어 보이거나 기분전환이 필요하면 상대방이 좋아하는 맛집을 찾아간다. 부부는 같이 행복해야 행복하니 말이다.

# 사랑하는 아내와 아끼는 남편

"후우…. 마음의 안정을 찾고 싶다." 한숨 소리와 함께 들린 남편의 한마디에 아무 대꾸도 하지 못 했다. 아무래도 아빠 혼자 사는 게 염려됐다. 서울로 옮길 준비를 시작했다. 병원부터 하나씩 옮기기로 했다. 서울 아산병원으로 예약했다. 검사와 진료를 당일에 끝낼 수 있는 날짜는 한 달 뒤다. 초진이다. 12시간 공복 후 혈당을 측정하고, 식후 두 시간 뒤 당 수치 측정을 다시 한다. 당뇨병 합병증 검사도 받는다. 검사 결과를 보려면 의사 면담시간은 오후 다섯 시는 되어야 했다.

결혼하기 전에는 한 달에 2주 정도는 내가 사는 서울 집에 엄마 아빠가 올라와 계셨다. 결혼하고부터는 우리 집 대신 언니 집으로 간다. 병원 가는 날 아빠가 지하철을 타고 올림픽공원역까지 오시면 지하철역으로 마중을 나가서 병원으로 모셔간다.

이번 검사는 새벽부터 채혈해야 하는 날이다. 언니 집에서 새벽부터 움직이게 할 수 없어서 아빠를 우리 집에서 주무시라고 했다.

일요일부터 남편 고민이 시작됐다. 아빠는 월요일 저녁 기차로 서울에 도착할 예정이었다. 거실 한쪽 상위에 쌓아둔 모니터 세 대, 레트로 키보드, 게임팩 리더 장치가 문제다. 남편은 아빠가 오셔서 저게 뭐냐고 한 소리 할까봐 걱정했다. 어디에 둘지 머리를 굴렸다. 답이 안 나오는 듯 이러지도 저러지도 못 하고 고민만 한다. 창가 앞 책상 아래로 옮겨 두면 어떨까 제안했다. 지나가다가 툭 치거나 뭐라도 떨어뜨릴 것 같아 남편은 불안해 했다. 작업하던 내 노트북을 책상에서 식탁으로 옮겼다. 다시 한 번 안심시켰다. 절대 근처에 가지 않겠노라고. 그제야 남편이 물건들을 하나씩 옮겼다.


월요일 저녁, 청량리역으로 마중을 나갔다. 아빠가 도착했다. 우리 집에 언제쯤 오셨었는지 기억이 안 난다. 거실 창문 앞 책상 위에 놓아둔 모니터, 쌓아둔 책, 책상 아래로는 남편 물건들이 아빠 눈에 띄었다. "뭔가 바뀐 것 같다?"라고 하면서 거실 창가에 쌓아둔 물건 근처로 간다.

"헉!" 남편 물건에 닿을까봐 "아빠, 그쪽으로 가면 안 돼!"라는 말이 툭 튀어나왔다. 남편이 "아니, 뭐…." 하며 말을 흐렸다. 아빠도 무안해 하면서 뒤돌아서서 작은 방으로 들어갔다. 자리에 앉더니 가방에서 뭔가를 주섬주섬 꺼낸다. 엊그제 대구에서 아빠 사촌이 다녀갔는데 사과를 몇 개 주고 갔다고. 사과 세 개가 하나씩 신문으로 싸여 있다. 무겁게 사과를 짊어지고 오셨다. "뭣 하러 무겁게 들고 왔어." 아빠는 딸을, 나는 아빠를 생각했다.

아빠는 금방 잠이 드셨고, 잠을 못 주무셨는지 새벽 다섯 시에 일어났다. 병원에 갈 준비를 금방 마치셨다. 하던 걸 멈추고는 남편이 깰까봐 안방 옷장에서 옷을 꺼내 와서 챙겨 입고 아빠와 함께 나왔다. 병원에 도착해서 채혈하고, 1층 식당에서 초당 순두부로 아침밥을 해결했다. 식사를 마치고 두 시간 후 다시 혈당을 측정해야 한다. 식당 옆 카페에서 커피를 한잔 하며 기다리기로 했다. 아빠가 갑자기 말을 꺼냈다. "굳이 하룻밤 더 잘 필요 없겠다. 오늘 저녁에 내려가는 기차표 한번 알아봐라."

아무 말 못 하고 기차표를 찾아봤다. 그날 저녁 일곱 시 기차로 바꿨다. 두 시간 후 한 번 더 채혈하고, 당뇨 합병증 검사도 오전에 마쳤다. 오후 다섯 시에 의사 진료 예약이었지만 간호사들은 일찍 와서 기다려도 된다고 귀띔했다. 남편도 불러서 점심부터 돼지갈비를 구웠다. 어제 저녁값을 아빠가 계산했다고 남편이 한마디 했었다. 점심값도 아빠가 내겠다고 하는 걸 뿌리치고, 내 카드를 내밀었다. 3월임에도 여름처럼 뜨거웠다. 남편은 미용실 다녀오겠다고 지하철역으로 가고, 아빠와 함께 집에 가서 쉬다가 병원에 가기로 했다.

몇 달 전부터 아파트 단지에 화요일마다 장이 선다. 화요일마다 딸기를 몇 주째 사다 먹었다. 일주일간 기다렸다가 한 번씩 사곤 했다. 지난주에 남편과 같이 갔다가 체리를 사는 바람에 배를 못 사 준 게 기억나서 배 한 바구니도 달라고 했다. 안동에 갈 때마다 엄마는 큼지막한 딸기를 사다 놓으셨더랬다.

아빠가 카드를 꺼냈다. "이건 내가 사줄게." 딸기 한 봉지, 배 한 봉지 들고 터벅터벅 집으로 걸어와서 아파트 현관에 들어섰다. 1층에서 엘리베이터를 기다리고 있을 때, 갑자기 남편이 나타났다. 미용실이 휴무일이라 그냥 왔다고 한다. 손에 든 비닐봉지를 보며 딸기를 샀냐고 묻는다. 배도 샀다고 보여 주며, 아빠가 사 주셨다고 말했다. 또 아빠가 돈을 쓰게 됐냐는 듯이 "에이, 참" 하며 내 손에 든 딸기와 배 봉지를 슬쩍 받아 든다.


집에 들어와 옷도 갈아입지 못한 채 기다렸다. 새벽 다섯 시에 일어나서 걸어 다녔던 데다 날씨도 더워서 나른하다. 결국, 나는 소파에서 잠시 눈을 붙였고, 아빠도 피곤하셨는지 잠시 누우셨다. 세 시쯤 되자 병원에서 지금 와도 된다고 연락이 왔다. 바로 안동 내려가시기로 해 짐을 챙겨서 문밖을 나서는데, 아빠 안경이 없다. 갈비 먹던 식당에 혹시나 해서 전화했더니 거기 있다고 한다. 남편 혼자 가지러 다녀오겠다며 병원 가는 길 중간에 내려 주었다. 안경을 찾은 남편은 시간이 늦을까봐 병원까지 뛰어왔다.

진료가 네 시 전에 끝났다. 저녁 일곱 시까지 대기 시간이 많이 남아서, 버스를 타고 가는 게 나아 보였다. 네 시 이십 분 차다. 아빠에게 기차 탈지 버스 탈지 물어보니 "난 아무거나 괜찮다. 니

편한 대로 해라." 라고 한다. 동서울버스터미널 이용하는 게 내게 더 편하다고 하자, 버스를 타러 가자고 한다. 시간에 딱 맞춰 아빠를 버스 태워드렸다.

날이 더웠다. 빙수 먹고 싶다고 하니, 남편도 아까 뛰었더니 시원한 게 생각난다고 한다. 반찬을 사고 빙수 먹으러 가기엔 애매한 네 시였다. 남편이 반찬을 사러 갈지 빙수를 먹으러 갈지 물었다. 빙수 먹고 싶어서, 결국 반찬을 포기했다.

집 근처 팥빙수 카페로 향했다. 어제 처음으로 방문한 곳이다. 오늘 또 들렀다. 남편은 갑자기 왕돈가스가 생각난다고 했다. 퇴근시간대가 되어 차가 막힐까봐 다른 동네는 못 가고, 근처 카레 돈가스를 먹기로 했다. 내가 배불러서 못 먹겠다고 하면 남편은 혼자 먹는 걸 불편해 한다. 어쩔 수 없이 가장 저렴한 블랙 카레로 내 것도 주문했다. 한 숟가락 먹으니 더 먹을 수가 없다. "남겨도 되지?" 다행히 돈가스에 나온 맨밥을 남기고 남편이 블랙 카레를 거들었다. 덕분에 그릇 바닥이 보였다.

로봇 청소기를 돌리기로 했다. 어젯밤 아빠가 불편할까봐 로봇 청소기를 살짝 옆으로 밀었다. 그랬더니 로봇 청소기가 청소 구역을 인식 못 하고, 자꾸 오류가 난다. 서재 방을 먼저 청소하려고 했는데, 어쩔 수 없이 모든 구역을 청소하게끔 다시 설정했다. 남편 물건이 아직 거실 창가 아래에 있어서 모든 구역을 청소하려면 그것부터 치워야 한다. 잠깐 침대에 누워 쉬는 동안 청소하려고 했는데, 계획과 벗어나는 일이 생기자 남편은 직접 화를 내지는 못 하고 마음의 안정을 찾고 싶다면서 혼잣말을 한다.

"그럴 수도 있지." 하면서 한마디 하고 싶었지만, 혼자 화를 삭이도록 한동안 내버려 두었다. 그냥 내가 해야 할 일만 했다. 한두 시간 지난 후 한마디를 건넸다. "밀크티 타 줄까?" "아, 머리 아파. 그래, 한잔 줘."

무선 주전자 버튼을 눌러 물을 끓였다. 머그잔에 물 가득 부어 만든 밀크티를 내밀었다. "역시, 자기가 타 주니까 오늘따라 밀크티가 맛있네." 밤 열한 시가 넘었다. 다음 날, 남편이 냉장고 문을 열어 보더니 딸기 안 먹냐고 한다.

결혼 11년 차다. 티격태격 싸우기보다는 서로를 이해한다. 상대방이 힘들어 보이면 그냥 둔다. 스스로 에너지 차오를 때까지다. 사랑만 했을 때는 가끔 미웠다. 너무 채워줄 때는 오히려 서로가 힘들었다. 강신주 작가의 『한 공기의 사랑, 아낌의 인문학』에 나온 글을 떠올려 본다. "다행히 한 공기의 밥으로 그는 편안해진다. 그렇지만 여기까지다. 아이를 행복하게 해 주려고 두 공기, 세 공기를 억지로 먹인다면 어떻게 될까? 아이는 과도한 배부름의 고통을 느끼게 된다. 이 어머니는 몰랐던 것이다. 아이가 배고플 때에는 한 공기의 밥이면 족하다는 사실을, 한 공기가 넘어가면 배고픔의 고통이 아니라 배부름의 고통이 찾아온다는 사실을." 사랑하는 대신 아껴주는 걸로.

# 양말이 왜 거기 있어?

깜박했다. 아파트 관리사무소 전화였다. 지하 1층 주차장에 주차해둔 차를 오후 한 시까지 빼달라고 연락이 왔다. 아, 맞다. 지하 주차장 청소 때문이었다. 며칠 전 1층 엘리베이터 입구에 붙어 있던 공고문을 읽었지만, 청소날짜를 기억하지 못 했다. 아파트 동별로 전기공사 점검 공지도 있었다. 일 년에 한 번 정도다. 오후 한 시부터 네 시까지 정전이 된다. 직장에 다닐 때는 정전도, 지하 주차장 청소도 퇴근하면 이미 해결된 상태였다.

집이니까 맘대로 지낼 수 있을 줄 알았다. 내 집이지만 집 밖으로 나가야 하는 불편함이 있다. 아파트 27층에서는 오후 내내 베란다 철거 작업으로 '덜덜덜' 공사 소음이 들려왔다. 민원 제기하고 싶을 정도의 소음이다. 남편이 그럴 거면 인테리어 공사 동의서에 사인을 왜 했냐고 한다. 오전 글쓰기 수업이 끝나고, 후기도 남겼으니, 차 옮기는 김에 외식하기로 했다. 3월 초인데, 바깥 온도가 벌써 17도다. 남편도 나갈 준비를 했다. 봄 잠바와 양말을 옷장에서 새로 꺼냈다. 양말을 또 식탁 위에 놓는다. 눈을 질끈 감았다. "빨았으니까." 라고 날 설득한다.

한 달에 한 번, '골든티켓' 독서모임을 한다. 회원은 네 명이 전부다. 2019년에 시작했다. 정기적인 모임 날짜를 정했다. 그리고, 모였다. 모이는 일정은 셋째 주 토요일 오전이다. 만약, 다른 약속을 정한다면 가능한 한 그날은 피하기 위함이다. 참석률 100% 독서모임이다. 왜냐하면, 우리에게 무엇보다 독서모임의 우선순위가 높기 때문이다. 월급쟁이 부자가 되고 싶어서 가입했던 재테크 카페에서 만났다.

독서토론은 우리들의 삶 이야기에 녹여낸다. 부자들이 살고 있는 동네 '핫 플레이스 맛집'을 찾아 브런치를 즐긴다. 한 달 동안 속에 담아두었던 이야기가 하나둘 쏟아져 나온다. 어디 다른 곳에 가서는 말하지 못 할 내용도 수두룩하다. 수다지만 모두 책으로 연결된다. 시간 가는 줄 모른다.

처음엔 투자 관련 책만 읽다가 차츰 우리들의 '삶'으로 주제를 조금씩 옮겨갔다. '지금, 이 순간'을 알아챌 수 있었다. '건강한 식습관'에 대한 관심도 생겼다. '상속 절세 증여' 분야도 읽는다. 이제는 과학 분야의 인기도서 우주를 담은 『코스모스』와 철학책으로 이어져 확장해 나가는 중이다. 다양한 주제로 읽고, 나누며, 돌려 주기 위해 모인다. 독서모임의 정석이다.

벌써 만 3년 넘게 이어졌다. 다른 누군가가 끼어들기 어려울 정도다. 왜냐하면, 3년간 매달 함께 읽은 책 덕분에 생각이 비슷해졌기 때문이다. 양적, 질적 측면에서도 남다른 독서모임이다.

함께 보낸 시간이 있다 보니 우리는 점점 남편들 성격에 대해서도 알게 되었다. 하루는 독서 멤버의 남편이 우리 모임을 부러워하는 눈치라고 이야기해 주었다. 남편들끼리 독서모임 만들어 주면 어떠냐는 제안을 했다. 일단 집에 가서 각자 남편 의견을 물어보기로 하고 헤어졌다.

남편은 내가 더 잘 알고 있다. 당연히 "싫어."라고 말할 걸로 예상했다. 혹시나 해서 한 번은 물어봤다. 남편 답은 역시였다. 그냥 싫단다. 냉정하다. 이유가 뭐냐고 물어 봤다. 이유가 없단다. 골든티켓 카톡방에 남편의 거절 얘기를 어떻게 전달해야 할지 고민이 됐다. 한참을 망설이다가, "우리 남편은 별로래요. 나머지 세 명만이라도 먼저 모여도 좋겠어요."라고 메시지를 보냈다.

거부감을 갖는 것도 충분히 이해가 된다는 메시지가 왔다. 만약 본인이 내 남편이라 해도 싫어할 수도 있을 것 같다고 한다. 상황을 이해해 주는 멤버에게 고마웠다. 남편들 독서모임을 먼저 제안했던 그 멤버였다. 자기 남편이 특이한 것 같다면서.

조급해 할 필요 없이 그냥 십 년 더 기다려 보자고 했다. 자연스럽게 만나게 될 순간을 기대하면서 말이다. 그제야 다른 남편도 이런 이야기를 했다고 메시지가 왔다. "남편 모임에 여자들끼리 만나보라고 하면 좋겠냐고?” “하하하, 어색하죠.” 이어서 다른 한 명에게서도 메시지가 왔다. 남편이 “내가 안 간다고 하면 자기 섭섭해 할 거야?”라며 돌려서 거절했다고 말이다. 골든티켓 아내들은 남편 넷이 만나 친해졌으면 했다. 하지만 남편들은 만나게 하는 건 어려웠다. 나머지 한 명도 “우리 남편도 안 한대요.”라는 메시지를 보내왔다. 아내들의 무모한 계획은 그렇게 없던 걸로 마무리됐다. 카톡에는 “어쩜, 그리 남편들 다 똑같아요.”라는 메시지가 오갔다.

골든티켓 모임에서 남편 얘기를 털어놨다. 왜 양말을 식탁 위에 올려두는지 모르겠다고. 그러자 “우리 남편도 그래요!” “우리도요!” “저도요!” 한다. 독서모임 온다고 남편 혼자 먹을 것을 챙겨두고 나온다. 건강한 식단으로 만들어 냉장고에 넣어 두고 나와도, 남편은 배달 주문하거나, 햄버거 사 먹거나, 치킨을 먹는다고 했다. “그러니까요.” “우리도요.” “남편들 다 똑같네요.” 출근할 때는 식탁에 음식을 차려놔도 남편이 안 먹고 간다고 했다. 남편들 어쩜 다 똑같은지. 우리 집 남편만 그런 게 아니었다. 집에 와서 남편에게 독서모임에 다녀온 이야기와 사진을 보여 주면서, 이야기를 전했다.

“다른 집 남편들도 식탁 위에 양말 둔다더라.” “나만 그런 게 아니지?”

“딴 집도 반찬 다 만들어 놨는데, 남편들이 안 챙겨 먹고, 시켜 먹는데!" "나만 그런 거 아니지?"

남편과 둘만 살면 "저 사람은 왜 저럴까?" 이해할 수 없을 때가 있다. 스트레스가 없을 수 없다. 한 달에 한 번, 이야기 터놓고 나눌 수 있는 독서모임에 간다. 한 달 동안 있었던 이 얘기, 저 얘기를 스스럼없이 다 쏟아낸다. 그전까지 이상하게만 보였던 남편이 독서모임에 다녀온 이후엔 평범한 남편으로 바뀌어 있었다. 내 이야기에 공감해 주는 지인이 있으니 든든했다. "나만 그런 게 아니구나!" 안심 효과도 생긴다.

마흔 전에는 독서모임이란 걸 모르고 살았다. 친정 부모님께 말하기도 곤란하고, 시부모님에게도 묻기도 곤란하며, 남편과 같은 직장이라 동료에게도 말하기 곤란했다. 결국 혼자 마음에만 담았었다.

독서모임에서 다른 사람들의 이야기를 자연스럽게 듣고, 질문과 답변을 주고받으니 마음이 한결 평화로워졌다. 혼자 속상해하던 일도 "아무것도 아니었구나!" 깨닫기도 한다. 마흔이 넘으면 동네 친구가 있어야 한다고 주장하던 직장 선배 말이 공감되는 순간이었다.

온라인 카페 활동을 시작하지 않았더라면, 독서모임도, 동네 친구도 만나기 어려웠을 것이다. 왜냐하면, 다른 사람들과 어울리는 걸 낯설어 하는 사람이기 때문이다. 처음 한 번, 1퍼센트 용기를 냈던 게 시작이었다. 오프라인 모임에 나가보기로 한 것이다. 왜 진작 독서모임에 참여하지 않았을까 후회될 정도였다. 처음 참석해도 전혀 어색하지 않았다. 다양한 사람들을 만나 대화하고, 소통함으로써 사회성과 지식, 경험을 확대할 수 있는 독서모임이었다. 검색해 보니 주변에 독서모임이 너무나 많았다. 독서동아리 지원센터 홈페이지http://www.readinggroup.or.kr를 찾아봤다. 서울시에만 독서 동아리가 2023년 3월 기준, 3천 개가 넘었고, 지방 광역시에서도 100개에서 300개에 이르렀다. 독서모임에 한 번도 참석 안 해본 사람은 많겠지만 한 번이라도 참석해 본 사람은 다시 찾는 게 바로 독서모임이다. 아무리 찾아봐도 내 주변에 독서모임이 없다면, 직접 독서모임을 주관해 보는 건 어떨까. 주변에는 아마 독서모임에 관심 있지만, 독서모임이 없어서 당신처럼 참여하지 못 하고 있는 사람들이 있을 테니 말이다.

독서모임은 누구나 시작할 수 있다. 처음부터 거창하게 시작할 필요 없다. 괜찮다. 그래도 걱정된다면 서점에서 독서모임에 관한 책, 예를 들면, 『모두의 독서모임』, 『독서모임 꾸리는 법』, 『혼자 읽기를 넘어 같이 읽기』 등 서너 권 정도 읽어 보고 시작하면 충분하다. 읽고 싶은 책 한 권만 정해서 블로그나 인스타그램에 함께 읽자고 회원모집을 위한 공지 글을 하나 올리고 시작하면 된다. 한 명만 와도 된다.

처음부터 잘할 필요 없다. 그냥 모여서 책 이야기를 나누면 된다. 시간을 쌓다 보면 당신에게도 "나만 그런 게 아니었네." 하는 순간이 찾아올 것이다. 당신만의 골든티켓 독서모임이 생길 것이다.

# 발렛 맡겨도 될까?

호텔 입구에서 도착해 차에서 그냥 내리기만 하면, 주차 발렛 서비스가 무료인 신용카드가 있다. 한강 다리 건너 W 호텔을 처음 가봤다. 주차 발렛 서비스도 처음이었다. 낯선 세상이었다.

첫 직장은 송파에 있었다. 대중교통으로도 출퇴근할 수 있는 거리에 집을 구했다. 일 년에 서너 번 대전 본사로 출장을 가기도 한다. 대중교통으로 가기 불편하다는 핑계로 차를 샀다. 20년 동안 학비와 생활비를 지원해 준 부모님에게 차까지 사달라고 손 벌리기에는 죄송했다.

중학교 때 교회에서 받은 장학금 십만 원부터 대학원에서 받은 월급까지 다 모아둔 통장이 하나 있었다. 이천만 원 정도 모였다. 서른까지 모은 나의 전 재산이었다. 그 돈으로 2006년식 아반떼를 샀다. 계좌 잔고는 오백만 원으로 줄었다. 신체 일부가 떨어져 나가는 느낌이 났다. 그래도 푼돈을 모아 오롯이 내 돈으로 차를 샀다는 사실이 뿌듯했다.

차가 생기자, 운전하고 싶었다. 송파구 방이동 우리 집에서 구로구 고척동 언니 집까지 차를 몰았다. 언니 집 앞에 도착해 후진 주차를 하는 순간, "뿌지직" 소리가 들렸다. 뒷 범퍼가 구겨졌다. 한 달도 안 된 차였다. "왜 못 봤을까." 하는 후회가 막심했다. 범퍼 교체를 했다.

집에서 회사까지는 왕복 5km 거리도 안 된다. 일 년 동안 주행 거리가 5천 km가 넘지 않았다. 살던 곳은 다세대 빌라였는데, 주차는 다섯 대를 할 수 있었다. 도로변에 자리가 있으면 자유롭게 드나들기 쉽다. 제일 안쪽이나 중간에 세우면 다른 차주에게 전화해서 차를 빼 달라고 해야 하는 불편함이 있다. 차 없이 외출할 때는, 뒤차 주인에게 나간다고 연락이 올까봐 내가 먼저 연락해서 외출하는지 물어봤다. 차를 빼달라는 연락이 오면 주말에도, 저녁에도 나가봐야 했다. 어느 날 후진하다가 뒷문 쪽에서 소리가 났다. "뿌지직". 빌라 벽면에는 가스 배관이 있었다. 뒷문과 뒷바퀴 위쪽을 죽 긁어버렸다. 공업사에 차를 또 수리 맡겼다. 아반떼는 어느새 헌차가 되어 있었다.

결혼 전 남편도 같은 차를 샀다. 결혼하니 차가 두 대다. 남편이 운전하면 손에 땀이 축축해진다. 한 대를 팔기로 했다. 사고 났던 내 차를 팔고, 남편 차를 남겼다. 내 차에 없던 자동 전조등 온/오프 기능도 있었다. 내 차에는 후진 시 거리가 나오는 측정기기를 추가로 달았었는데, 남편 차에는 그냥 '삐비빅', '삐~비비비빅' 소리만 났다. 내 차 기능이 더 좋았지만 어쩔 수 없었다. 지금은 후면 카메라 없이 소리만 듣고도 더 가도 되는지 멈춰야 하는지 알 정도로 능숙해졌다. 아반떼가 몸의 일부처럼 느껴질 정도였다.

차 외관 여기저기 기둥에 긁힌 자국은 많은 편이다. 초기에는 긁히자마자 바로 공업사로 달려갔지만 시간이 어느 정도 지나니 더 이상 신경을 쓰지 않았다. 주차장에 자리가 없으면 평행주차할 때도 거리낌이 없다. 어디 주차하더라도 "긁히면 어쩌지?" 하는 걱정이 필요 없다.

17년 된 아반떼라도 자동차 검사를 받으면 다 합격이다. 타고 다니는 데 아무런 문제도 없다. 다만 호텔 라운지에 커피를 마시러 갔다가 발렛 주차를 맡기려니 남편이 창피해 한다. 남편이 발렛 주차 맡길 거냐고 내게 묻는다. 발렛 대신 직접 주차하겠다며 주차장까지 내가 몰고 간다. 주차장에는 람보르기니, 포르셰, 벤츠, BMW 등 외제 차가 즐비하다. 외제 차 사이에 주차된 은빛 아반떼가 살짝 초라해 보이긴 하다. 외관이 구겨지고 움푹 찌그러져 있는 곳은 수리라도 할 걸 그랬나 싶다.


푼돈을 모아 자산을 쌓는 비법을 담아낸 토마스 J. 스탠리의 『이웃집 백만장자』에는 이웃집에 백만장자가 살고 있다. 정작 그들의 이웃은 그가 부자인지 모르는 사람이 대다수일 정도로 검소하게 살고 있었다. 이웃집 백만장자는 새 차 대신 2~3년 정도 되는 중고차를 타고 다녔다.

자수성가한 부자가 쓴 책들을 읽어 보면, 큰 부자임에도 설렁탕집에서 밥 한 그릇 정도만 손님에게 대접한다는 내용도 나온다. 아반떼면 어떠냐고 당당해지기로 다시 마음 먹었다.

남들에게 잘 보이고 싶은 욕구가 없다. 단순한 교통수단에 불과한 차다. 배터리가 방전되고, 운전석에서는 차 문이 자동으로 열리지도 않아서 주행하다가 잠시 멈춰서 밖에 있던 남편을 태우기라도 할라치면 운전석에서 보조석 창문을 내려 주어야 한다.

우리 부부만 타는 차다. 다른 사람 태울 일이 거의 없다. 약간의 불편함은 우리가 감수하면 될 정도였다. 그냥 타고 다녔다.

사람마다 취향은 다르겠지만 나는 외제차보다 기능이 많은 국산차를 더 선호한다. 신입사원 시절, 당시의 내게는 큰돈을 들여 샀던 차를 전기차로 바꾸기로 할 때까지 타고 다녔다. 당연히 그동안 차에 추가로 돈을 들이지 않았다. 대신 저축했다. 잠깐 타고 다니는 차 대신 오래 머무는 집을 선택하기로 했다. 우리 부부의 우선순위는 차보다 집이었다. 그 덕분에 조금 빨리 마음에 드는 집으로 이사할 수 있었다.

작년에 예약해 둔 신차가 13개월 만에 출고됐다. 새로 산 차를 타고 호텔 라운지에 처음 간 날 남편이 "이제 발렛 맡겨도 되겠다." 하며 웃는다.

이제 다른 사람 시선은 아랑곳하지 않게 되었다. 오롯이 남편의 시선에만 신경 쓴다. 재밌게 맞춰 준다.『자동부자습관』저자인 미국 최고의 재테크 전문가, 라테 효과를 알려 준 데이비드 바크는 "절약은 힘든 일이 아니라 즐거운 일이다. 절약을 통해 자신의 미래를 보장하고, 자신의 가치관을 실현할 수 있다." 라고 말했다.

차에 들어가는 비용을 줄이고, 자신의 미래에 자동 투자하는 시스템을 활용했다. 지금 당장은 아니더라도 좀 더 일찍 회사를 때려치울 수 있는 지름길이 아닐까.

# 따로, 또 같이 행복하게

동네 지인들과 몇 달 만에 모였다. 벌써 3월 초가 지났다. 초등학교 2학년 자녀를 둔 지인들에게 어떻게 지냈냐고 안부를 물었더니, 이렇게 대답했다.

"요즘은, 애가 좀 크니까, 남편이랑 아들 둘만 노는 시간이 생기더라고요, 그러니 나만 소외된 느낌이랄까."

"저도요, 아내랑 딸만 뭔가 통하고, 저만 따 되는 느낌이에요. 엄청 섭섭하더라고요."

아홉 살이 되니 아들은 아빠하고만, 딸은 엄마하고만 친하게 지낸다며 각자 서운해 하는 눈치다. 내게는 아이가 없어서 지인들 모임에서 아이들 키우는 이야기를 하면 할 말이 사라진다. 물론, 어렸을 적 조카들과 함께 보낸 적은 있지만 말이다.

아이가 없는 우리 부부는 각자 하고 싶은 일이 많다. 상대방의 관점에서 보면 쓸데없는 일을 하는 것처럼 보일 때도 있지만 각자만의 할 일과 목표를 정하고 바쁘게 살아간다. 스스로 세운 하루 일정이나 주간 계획이 있다.

가끔 나와 남편은 상대방의 계획을 잊어버린 채 자신도 모르게 상대를 방해하게 되는 경우가 생긴다.

내게는 아침 루틴이 있다. 주로 새벽에 일어난다. 평단지기 독서를 하고, 글을 쓴다. 일일경제지표도 체크하고, 블로그와 인스타그램에도 글을 공유한다.

새벽 5시 25분 정도에 일어나 오전 활동을 마치면 8시 40분 정도다. 그때부터 식사를 준비하고 9시경에 남편과 아침을 먹는다.

남편은 주로 야행성이다. 내가 잠들고 난 이후로 한 두 시간 더 혼자만의 시간을 갖는다. 나보다 늦게 일어난다. 가끔 새벽 7시나 8시쯤 일어난 남편은 책상에 와서 의자에 앉는다. 아직 나의 아침 루틴이 끝나지 않은 상태라 평상시대로 마무리하고 아침 준비를 하려고 했는데, 옆에 앉은 남편이 몇 분 지나자 "아, 배고파."라는 말을 꺼냈다.

"아직 안 끝났는데…." 하던 일을 중단하고, 식사 준비를 해야 하나 고민하다가 "하던 일을 마무리 하고 밥 먹어도 될까?"라고 물었다. "그렇게 해." 남편이 호기롭게 대답한다.

하지만 10분도 채 지나지 않아 눈치가 보인다. 왜냐하면 "있다가 점심 먹으려면 빨리 밥 먹어야 할 걸." 남편이 한마디 툭 던졌기 때문이다. 어쩔 수 없이, 하던 일을 중단하고 부엌으로 갔다.

오아시스에서 구매한 '용대리 황태포'를 꺼냈다. 가끔 반찬가게에서 끓여둔 황태국을 사 왔는데, 며칠 동안 냉동실에 얼어 있었다. 요리도 안 할 거면서 사서 버리는 거 아니냐고 한마디 했던 남편 말이 생각나서 황태국을 끓이기로 했다.

냉장고에 있던 무 반 토막을 꺼내고 용대리 황태포를 한 주먹 꺼내 물에 살짝 헹궈낸다. 불린 황태를 가위로 작게 잘라 냄비에 들기름을 두르고 살살 볶다가 물을 부었더니 "치익" 소리가 났다. 무도 썰어 넣고, 집 간장과 소금으로 간을 했다. 냉장고에서 달걀 두 개, 남아 있던 두부 반 모, 파도 꺼냈다. 달걀은 깨어서 그릇에 풀어놓고, 두부도 깍둑썰기해서 넣었더니 그럴싸한 황태국 모습이 나왔다. 몇 년 만에 황태국을 끓였다.

남편에게 한 그릇 퍼 주었다. 모양이 그럴싸 하다고, 한 숟가락 떠먹어 본다. 레시피 안 보고 어떻게 만들었냐고 대단하다는 칭찬을 받았다. 건강식으로 아침 한끼를 해결했다.

설거지는 남편 몫이다. 식기세척기에 그릇을 넣고, 남은 반찬도 냉장고에 넣은 후에, 남편이 따뜻한 아메리카노 한 잔과 아이스 카페라테 한 잔을 내린다. 책상으로 함께 돌아와 각자 자리에 앉는다. 나는 내 컴퓨터 책상 앞에 앉아서, 남편은 남편 책상 앞에 앉아서 각자의 모니터를 바라본다. 다시, 각자만의 시간을 이어간다.

남편이 아무 말 없이 '서울 혼밥 차차차' 링크를 텔레그램으로 공유해 준다. 독서모임 자료 준비하다가 나는 남편이 보낸 링크를 클릭했다. #긴글주의, #불편주의, #혼밥주의, #사진많음주의, #맛알못주의, #노인주 해시태그를 시작으로 이남장 설렁탕, 농민 백암순대, 두오모(서촌) 뇨끼, 혜장국, 오제제(서울역) 돈가스와 새우튀김, 르프리크(성수) 맛도 모양도 잘생긴 버거, 무교동 북어국집, 비야게레로 멕시코 타코, 육장(망원역) 육개장, 헤키(망원역) 색다른 맛 돈가스, 반룡산 함흥식 녹말국수, 땀땀 소곱창쌀국수, Ckbg lab 베이컨 치킨패티버거, 그리지하우스 등 주말마다 서울을 혼자 방문하면서 남긴 정성스러운 '혼밥' 사용기였다. 다 맛있어 보였다.

남편에게 어떤 가게가 맛있어 보이냐고 물어봤다. 하지만, 링크만 내게 보내고 정작 본인은 대충 봤다고 이야기한다. 내가 좋아할 것 같아서 보낸 것뿐이라고. Life 폴더에 슬쩍 옮겨 두었다.


책은 둘 다 좋아하는 편이다. 그런데 취향은 다르다. 서점에 가도, 책을 주문할 때도, 도서관에서도 서로 보는 책이 다르다. 그리고 상대방의 책에 대해서는 터치하지 않는다. 관심 두지도 않는다. 하루는 독서모임에서 선정한 오스틴 클레온의 『훔쳐라, 아티스트처럼』 책 후기를 쓰려고 책상 위에 올려둔 적이 있다. 남편이 그 책을 보더니 "어? 나한테도 있는데?"라고 말했다. 집에 있는 책인지 모르고 책을 다시 주문한 것이다. 남편 책이라 내가 함부로 밑줄 그을 수 없긴 하지만, 이렇게 따로 또 같이 같은 취향을 만나기도 한다.

따로 보고 싶은 걸 보다가 재미있는 가십거리나 알려주고 싶은 정보가 생기면, 서로서로 링크를 공유해 준다. 내가 자료 작성을 하느라 정신없을 때, 남편이 기사나 유튜브를 보다가 말을 시켰다. 잘 듣지 않고 대충 대답했다. 몰입하고 있을 때, 자신이 말 시키니까 짜증나지 않느냐고 묻는다. 왜냐하면, 평소 내가 그런 행동을 남편에게 자주 보여 주었기 때문이다. 얼굴을 오른쪽으로 돌려, 함박웃음 지으며 말했다. "그렇네. 미안해."

신혼 초에는 같이 하고 싶은 게 많았다. 남편이 매몰차게 거절하기라도 하면 눈물 날 것같이 섭섭했다. 그런데 조금씩 하고 싶은 일을 찾으며, 내 시간을 집중하는 시간을 보내니, 방해받고 싶지 않은 시간이 생겼다. 아마 남편도 같은 심정이지 않았을까.

내 계획에만 맞춰서 필요할 때만 같이 하자고 제안했을 때, 남편은 남편만의 계획이 따로 있을지 모른다. 부부라고 해서 무조건 맞춰 주기만 하면서 살아간다면 다른 한 편으로는 내적 스트레스를 받을 수도 있다.

tvN 채널에 '취향 존중 부부여행'이라는 프로그램이 있었다. 같은 여행지에서 다른 여행을 즐기는 남편과 아내의 모습을 다룬 내용이다. 배우자의 '간섭'에서 벗어나 '자유'를 만끽하는 시간이다. 늘 '함께'하는 부부에게 '개인적인 시간'이 주어진다. 서로의 힐링과 독립을 원하는 부부에게 필요한 시간이 될 것이라는 주제로 여행하는 내용이었다. 그들은 여행을 통해 지금까지 모르고 있던 진짜 모습도 발견하고, 밤에 함께 시간을 보내며 '같이의 가치'를 찾아가는 시간을 보내고 있었다.

방송에 출연했던 최명길–김한길 부부는 이런 말을 남겼다.

"사랑한다는 것은 마주 보는 것이 아니라 둘이서 한 곳을 바라보는 것."

우리 부부도 늘 마주 보고 있기보다는 자신의 미래를 바라본다. 다만, 함께 손잡고 상대방의 발걸음에 보조를 맞추며 나란히 각자의 인생을 살아가는 중이다. 따로 또 같이 행복하게.

# 공동명의에 담긴 또 다른 책임감

"우린 괜찮을까?" 남편이 갑자기 걱정스러운 말투로 물었다. 사촌동생 때문이다. 사촌 도련님은 남편보다 한 살 어리고, 나보다는 한 살 많다.

큰 집은 시댁보다 부자였다. 남편과 결혼 당시 큰집에 처음 인사를 갔었는데, 압구정 현대아파트에 살고 계셨다. 처음 압구정동 아파트라는 곳에 들어가 본 날이었다. 그런데, 3년 전 갑자기 큰아버지가 그 아파트를 팔고, 중구 황학동으로 이사하셨다는 소식을 접했던 것이다. 당시에는 상승세를 타고 있던 아파트 시세가 잠시 하락세로 반전하던 시기였는데, 매도 후 10억이나 더 올랐던 것이다. 집을 조금만 더 갖고 계셨으면 하는 안타까움이 있었지만 이미 끝난 일이었다. 집을 담보로 대출을 해 주었는데, 돈을 빌려 간 사람이 소송에 휘말리며 파산선고를 받았다고 했다.

결국 은행은 아파트를 판 돈을 대출금으로 회수해 갔다.

한창 돈을 잘 벌 때는 가방에 현금다발을 담아 올 정도로 수입이 좋았다고 한다. 그 돈을 모아 상가 하나를 매수했고, 상가에서 나오는 월세 덕분에 나이 들어서도 돈 걱정이 없이 사는 듯 보였다.

그런데, 올해 초 시댁 큰아버지가 갑자기 중환자실에 입원했다가 한 달 만에 돌아가시면서 문제가 생겼다. 슬픔도 잠시, 남은 자녀들 간에 상속이 문제가 불거진 것이다. 자녀들이 상속세를 낼만큼의 현금이 없었기 때문이다. 도련님이 큰아버지와 함께 살던 아파트와 상가 한 채를 형제들끼리 나눠 가져야 했고, 집과 상가를 모두 팔아야 세금을 낼 수 있었다. 상가에서 나오던 월세도 매도하면 받을 수 없다. 현금흐름이 사라지는 것이다. 살던 집에서도 나와야 한다. 돈 걱정 없이 살던 도련님이 하루아침에 앞으로 먹고살 걱정을 하는 처지가 된 것이다.

사촌 도련님은 어떻게든 상가를 지켜보려고 했으나, 다른 형제들 입장은 서로 달랐다. 누구는 재건축 가능성을 보았다. 좀 더 보유했다가 시세차익을 보고 팔자고 했다. 다른 한 명은 세금 문제를 빨리 해결해야 한다고 이야기한다. 건물을 빨리 매도하고, 상속세를 내고 남은 돈을 나눠 갖자고 말이다. 각자 상황이 달랐다. 형제 사이라도 쉽게 해결되는 문제가 아니었다. 드라마에서 보던 장면이 주변에서 일어나는 모습을 보게 될 줄 몰랐다. 살아계셨을 때는 사촌 도련님이 부러움의 대상이었지만 큰아버지가 돌아가시고 나니 상속세 내고, 재산을 나눠 갖고 나면 앞으로 먹고살 걱정을 하는 상황으로 바뀐다는 사실이 우리 부부에게는 적잖은 충격이었다. 큰아버지가 살아계실 때 압구정동 아파트 한 채, 상가 한 채 갖고 있었으니, 노후 걱정이 없을 거라고 생각했기 때문이다.

나보다 열두 살 많은 학교 선배 J가 있다. J 선배 남편 정년퇴직했을 때다. J 선배는 남편과 함께 퇴직금 문제로 미래에셋투자에 들려 노후 연금 수령 방법에 관한 상담을 받고 왔다. J 선배는 아직 직장에 다니고 있다. J 선배 남편은 정기적으로 통장에 월급이 들어오지 않으니 뭔가 불안하고, 노후에 대해 심적으로 염려하고 있다고 말해 주었다. 남은 돈을 매달 확인하기 위해 한 달에 한 번 증권사에 들러 담당 직원과 상담하고, 책 선물도 받아온다고 한다. 아들이 두 명 있는데, 그중 한 명은 결혼을 시켰지만 막내아들은 아직 대학교에 다니는 중이다. 결혼자금 일부를 떼어 놓고, 노후는 각자 연금으로 살아갈 거라고 했다.

또 다른 D 언니는 남편이 디자이너 상무이사로 진급했다는 소식에 별로 기뻐하지 않았다. 평사원보다 급여를 많이 받긴 하지만 상무는 정규직이 아니라 계약직이기 때문이다. 언제 그만두게 될지 모른다는 소식에 D 언니는 걱정이 많았다. 그래도 D 언니는 정년이 보장된 직장을 가지고 있어서 몇 년 더 근무할 수 있다.

어느 날 지나가다가 "O 상무님 잘 계시죠?"라고 안부 인사를 했다. 그러자 D 언니가 다가오더니 내게만 조용히 이야기하는 거라면서 실은 작년까지만 일하고 퇴직했다는 소식을 전해 주었다. 지금은 프리랜서로 일하고 있다고 한다. 어떻게 대응해야 할지 몰라 잠시 머뭇거리다가 요즘은 프리랜서가 돈 더 잘 번다는 말로 급히 얼버무렸다. 다행히 중국과 협력사 등에서 프리랜서 업무를 제안받기도 하고, 후배 사무실 한쪽을 빌려 인테리어 사무실을 시작했다고 하는데, 아파트 대출금을 아직 다 갚지 못 했고, 아들과 딸도 이제 20대 초반이라 자녀 결혼까지 앞두고 있어서 돈 걱정이 있는 듯 보였다.


남편은 나보다 먼저 조기퇴사를 했다. 남편 나름대로 퇴사 후 삶에 대비했다고 하는데, 말을 들어 보니 "오천 원을 한 끼 식사비로 책정하니, 한 달 60만 원 정도면 먹고 살 수 있다"는 판단으로 퇴사를 결정했다고 한다. 인플레이션도 따지지 않았고, 본인 밥값과 용돈만 계산한 것이다. 당시에는 내가 직장에 다니고 있었기에 생활비는 내가 충당하고 있어서 가능한 계산이긴 하다.

그런데 요즘 코로나-19 영향, 금리인상 여파로 인플레이션이 생겼다. 집 앞 콩나물국밥 한 그릇조차 9천 원이다. 경제관념이 부족하면 노후 계산에 문제가 생긴다. 또한, 본인 명의로 아무 자산이 없으면 불안해질 수밖에 없다.

우리 집 자산관리는 신혼 초부터 남편 대신 내가 도맡아 하기로 했었다. 그러니 책임감도 내게만 있었다. 하지만 나 혼자 모든 걸 책임질 수 있는 건 아니다. 맞벌이라 돈을 함께 벌었다. 재무관리는 전체적으로 하되, 자신의 수입은 개별 통장에서 관리했다. 적금과 예금을 들어도 각자의 명의로 했다. 만기 날짜가 되면 해지 후, 새로운 적금과 예금통장을 만들라고 알려 주었다. 신혼 초 거주할 아파트를 샀을 때 남편과 나는 공동명의로 집을 매수했다. 시댁 부모님은 공동명의로 한다고 약간 놀라는 눈치를 보여주긴 했지만 말이다. 처음부터 공동명의로 시작했더니, 새로운 집으로 이사 갈 때도 공동명의로 했다. 실거주 이외에 자본 소득을 높이기 위해 임대용 부동산을 한 채 더 계약할 때도 남편과 함께였다. 내가 무슨 일을 할지 모르고, 내가 앞으로 어떻게 될지 모르는 상황에서 공동명의라는 책임감을 느끼기 위해서이다. 공동명의는 세금 측면에서도 절세효과가 있다. 지역 의료보험료를 더 내야 하는 경우가 생길 수는 있지만 재산관리와 분할에 대한 합의와 협력은 부부에게도 당연히 필요하다고 생각한다. 물론 증여세 공부를 통해 절세 방안을 더 고민해 볼 수도 있다.

갑작스러운 또는 계획된 퇴사라도 갑자기 소득이 끊어지면 불안할 수밖에 없다. 앞으로 살아갈 날이 얼마나 남았는지 모르는 상태에서 소득절벽이라는 단어는 내게도 두려움의 대상이었다.

하지만 그건 미래의 소득과 현재의 자산, 내가 지출해야 하는 돈이 얼마인지 정확하게 몰라서 생기는 불안이라는 사실을 알게 되었다. 미래를 대비하려면 지금 내 자산이 얼마인지, 지출이 얼마인지, 앞으로 일어날 일들을 예측해 보는 게 중요하다. 한 달에 한 번 수입과 지출을 파악하고, 분기별, 매년 초에 한 번씩 확인한다. 또한 금융감독원에서 운영하는 통합연금포털 사이트[https://www.fss.or.kr/fss/lifeplan/lifeplanIndex/index.do?menuNo=201101]에서 '내 연금 조회'를 통해 나와 배우자가 노후에 받을 수 있는 연금이 얼마인지도 확인해 본다. 이렇게 하나둘 우리의 자산을 공유하면서, 따로 또 같이 사는 부부의 인생설계 시간을 갖는다.

나는 박사학위를 받고 취업했다. 석사학위를 받은 남편보다 일년 늦게 입사했지만, 내가 호봉이 더 높았다. 회사에서 받게 되는 돈은 언제나 내가 몇 만 원이라도 항상 더 많았다. 하지만 남편에게도, 시댁에도 한 번도 내가 돈을 더 많이 받는다고 이야기한 적 없다. 부부는 누가 이기고 누가 지고라는 게 없기 때문이다. 우리 부부가 함께 서로가 공동체라는 생각으로 협력하고 함께할 때 비로소 따로 또 같이 행복할 수 있다고 믿는다.

그리스 아테네 정치가인 솔론은 "평등은 전쟁을 일으키지 않는다." 라는 말을 했다. 나와 남편은 과거에도 평등했고, 지금도 평등하고, 미래에도 평등할 것이다. 그렇게 우리 부부는 따로 또 같이 살아가는 중이다.

# 은퇴 이후,
# 삶의 유지 보수 및 개선

조기은퇴 결단을 내린 후 퇴직 시기를 정하는 게 관건이었다. 맞벌이부부다 보니 동시에 퇴사하면 경제적으로 충격이 좀 클 수 있다. 한 사람씩 순서대로 퇴사하기로 결심한 이유다. 남편보다 그나마 내가 더 직장생활이 적성에 잘 맞는 편이었다. 남편의 건강이 걱정되던 시기라 남편부터 먼저 퇴직시키기로 마음먹었다. 몇 년 전 계산해 두었던 경제적 자유를 위한 비용도 조기은퇴 결단을 내린 후 필수 생활비로 구체화했다.

그런데 조기퇴직을 하겠다고 회사에 알린 뒤로 국내외 상황에 변화가 있었다. 러시아-우크라이나 전쟁 발발, 고금리 정책과 인플레이션 현상으로 물가가 치솟았다. 코로나-19 확진자 수도 다시 증가하였다. 부동산과 주식 자산은 예상치 못한 하락에 솔직히 멘탈이 살짝 흔들리기도 했다.

다행히 연간 필수 생활비 이 년 치에 해당하는 금액을 현금으로 준비해 두고 있었고, 대출금은 0원이었다. 그 덕에 오히려 고금리 예금효과를 보았다. 흔들리는 자산에도 복리의 마법을 믿으며 느긋하게 버티는 힘을 키웠다. 2023년 3월, 미국 실리콘 밸리 은행 파산이라는 뉴스가 발표되기도 했다. 해당 이슈로 대한민국 코스닥 주식시장은 −3.9% 하락했다. 회복 장세에 있던 순자산은 다시 하락 전환했다.

나심 니콜라스 탈레브의 『행운에 속지 마라』를 읽지 않았더라면 행운만 믿고 퇴직했을지 모른다. 다시 직업을 찾아봐야 하는 상황이 올 수도 있다. 2016년에 읽은 산타클로스 선물 같았던 『나는 마트 대신 부동산 간다』라는 책이 아니었다면 여전히 지금도 스트레스를 받으며 직장생활을 하고 있을지 모른다. 『파이어족이 온다』, 『파이어족의 재테크』라는 책을 읽지 않았더라면, 『나는 네 시간만 일한다』라는 팀 페리스의 책을 읽지 않았더라면, 『미움받을 용기』, 『카네기 인간관계론』, 『나는 더 이상 가난한 부자로 살지 않겠다』라는 책을 읽지 않았더라면, 생각만 해도 끔찍하다.

당신이 집어 든 이 책 또한 5년 후, 10년 후 당신에게 행복한 시간을 마련해 준 초석이 되었으면 하는 마음을 담아 이 글들을 썼다. 참, 만약 당신이 퇴사 후 사업하기로 마음을 먹었다면, 사표를 제출하기 전에 꼭 캐럴 로스의 『당신은 사업가입니까』를 먼저 읽어 보길 권하고 싶다.


회사를 그만두고 이제 일 년이 겨우 지났다. 앞으로 100세 인생이라 한다면, 인생의 절반이 더 남은 셈이다. 조기은퇴 후의 삶을 완벽하지는 않지만, 내게는 아직 우울증의 'ㅇ' 자도 찾아오지 않왔다. 직장생활을 할 때보다 더 즐겁고, 더 바쁘게, 더 나누면서, 하고 싶은 일로 하루를 채워가는 중이다. 조기은퇴 시스템은 일단 마무리되었다. 사업은 종료하면, 유지 보수와 개선하는 단계가 있다. 앞으로 은퇴 후의 삶에 문제가 발생하면, 하나씩 해결하면서 유지·보수하고, 성능 또한 개선해 나갈 예정이다.

언제부턴가 박달 대게만 진정한 대게로 인정한다. 가위 하나만 있으면, 몸통부터 다리 열 개를 한자리에 앉아 뚝딱 해치운다. 게 딱지를 분리하고, 게장과 살을 통째로 싹싹 골라 먹는다.

아빠가 출장을 다녀오면서 대게 두 마리를 사 온 적이 있었다. 전에 먹던 대게 맛이 아니었다. 게딱지를 뜯어내고 숟가락으로 게장 한 숟가락을 떠먹었다. '지금까지 먹어 본 대게는 진짜 대게가 아니었구나!' 느낀 순간이었다. 게딱지에 밥을 한 숟갈 올려 먹으니 장맛은 심심하고, 고소했다. 식당에서는 보통 게딱지를 주방으로 가져가 밥을 볶아서 게딱지에 올려 준다. 그냥 게장 맛이 살짝 나는 볶음밥이 된다. 그런데 이 박달대게 게장 맛은 볶아먹기에 아깝다. 주방에 반드시 양푼을 달라고 해서 게장과 살을 덜어 밥과 함께 살살 비벼 먹어야 제맛을 느낄 수 있다. 살결이 하나하나 살아 있다. 대게 다리마다 살이 90% 이상 꽉 차 있는 게 바로 '박달대게'다.

이렇게 막내딸이 좋아하는 대게를 친정엄마는 3월~4월이 되면, 먹으러 오라면서 전화를 하시곤 했다. 하지만 더 이상 엄마에게 전화벨이 울리지 않는다. 회사를 그만둔 뒤 한 달간 친정에서 부모님과 한달살이를 했고, 그로부터 삼 개월 후 엄마는 바람이 되어 세상에 뿌려졌다. 하늘에서 매일 전화하고 싶어 할 엄마에게 이 책을 바친다.

엄마가 사라진 빈자리는 아빠에게 너무 크다. 오십 년을 함께 하셨기에 갑작스레 많아진 혼자만의 시간에 아빠는 당황스러워 하셨다. 혼자 보내야 하는 시간들 속에서 아빠는 한동안 우울감에 빠져 계셨다.

하지만 이제는 그 우울의 터널에서 벗어나고 계시는 중이다. 바깥세상으로 한 발짝씩 내딛으셨다. 얼마 후 노인 복지센터와 시청 디지털 교육 센터에서 스마트폰을 활용한 동영상 편집 기술을 배우기 걸음을 내딛기 시작하셨고, 집에 와서도 스마트폰을 들여다보면서 사진 배경을 지우고, 신년 인사 메시지를 추가해 새해 인사 카드 동영상을 제작하느라 시간 가는 줄 모른다고 하신다. 어떻게 만드는 거냐고 내가 오히려 물어볼 정도다.

여든을 넘긴 아빠는 '키네마스터' 동영상 편집기를 열어서 영상편집 과정을 신나게 알려 준다. 수첩에 빼곡하게 적은 메모를 하나씩 찾아보면서 설명해 준다. 배우고, 나누는 시간은 사회성이 생기는 게 분명하다.

이 세상이 혼자라 외롭다고 생각하는 사람도 지금은 혼자가 아닌 함께 할 수 있다. 온라인 세상부터 하나씩 용기를 내면 된다. 나만의 커뮤니티를 이끌어 갈 수 있는 세상이다. 온라인에 친해지고 익숙해지면 오프라인 모임으로 확장하고 싶어진다. 블로그뿐 아니라 인스타그램, 스레드, 브런치 스토리, 유튜브 채널에 나만의 생각을 공유하기 시작했다. 조금 더 넓은 세상 사람들을 만나기 위함이다. 또한 '평단지기 독서클럽'이라는 독서모임과 '북위키'라는 온라인 독서 공유 공간을 운영하고 있다. 우연히 라이팅코치 양성과정을 이수하고, '파이어 북 라이팅'이라는 글쓰기, 책쓰기 수업을 시작했다. 나처럼 책을 읽기 시작한 사람들, 책을 쓰고 싶은 사람을 도우며 살아가고 싶다. 나와 인연이 되는 사람들의 성장을 도우며, 내 인생의 가치와 삶의 보람, 세상에 선한 영향력으로 공헌하면서 살아갈 예정이다.

평범한 직장인이던 내가 책을 출간할 수 있게 지도해 주고, 책과 강연을 통해 더 넓은 세상 사람들을 도울 수 있다는 것을 알려 주신 이은대 작가님께 감사드린다. 긍정적이고, 낭만적인 생각만 하는 아내를 위해 냉철한 조언으로 지적해 주고, 글 쓴다고 커피 내려 주고, 요리하는 대신 간편하게 먹자고 말해 주며, 늘 아내를 배려하며 참아 주는 남편에게도 항상 고맙다. 늘 맛있는 집밥을 해 주시는 시어머니와 불편하지 않도록 배려해 주는 시아버지 그리고 시누이, 꼼꼼하고 계획적인 J형의 피를 나눠 준 아빠와 옆에 있어 든든한 언니와 형부, 이모 말이라면 철석같이 믿어 주는 조카 효, 훈, 은에게도 감사하다.

_2023년 9월, 라이팅 코치 이윤정

맞벌이부부 조기퇴직시스템 설계

**10년 먼저 시작하는 여유만만 은퇴생활**

**지은이** 이윤정

**발행일** 2023년 11월 7일

**펴낸이** 양근모

**펴낸곳** 도서출판 청년정신

**출판등록** 1997년 12월 26일 제 10-1531호

**주 소** 경기도 파주시 경의로 1068, 602호

**전 화** 031) 957-1313 **팩스** 031) 624-6928

**이메일** pricker@empas.com